# Chut... Je lis !

CP cycle 2

Manuel d'apprentissage de la lecture

Tome 1

**Annick Vinot**
Conseillère pédagogique

**Jacques David**
Maître de conférences en Sciences du langage

**Valérie de Oliveira**
Professeur des écoles

**Joëlle Thébault**
Professeur d'IUFM

Corinne Albaut pour les comptines

**hachette**
ÉDUCATION

**Responsable de projets :** Valérie Dumur
**Création de la couverture et maquette intérieure :** Estelle Chandelier
**Cursive :** SG Création
**Mise en page :** SG Production/Alexandra Taicher

**Illustrations :** couverture, Pascal Lemaître ; intérieur, Claire Gandini ;
*Le loup conteur*, Pascal Biet ; *Le vilain petit canard*, Laurence Clément ;
*L'arbre à Grands-Pères*, Claire Legrand ; *Juruva à la recherche du feu*, Florence Kœning

**Textes de littérature jeunesse :**
*Le loup conteur*, Becky Bloom, © Mijade © Hachette Livre pour la présente édition ;
*Le vilain petit canard*, d'après Hans Christian Andersen, adapté par Joëlle Thébault, © Hachette Livre
pour la présente édition ;
*L'arbre à Grands-Pères*, © Danièle Fossette © Hachette Livre pour la présente édition ;
*Juruva à la recherche du feu*, H. Kérillis, © Bilboquet-Valbert © Hachette Livre pour la présente édition

PAPIER À BASE DE
FIBRES CERTIFIÉES

hachette s'engage pour
l'environnement en réduisant
l'empreinte carbone de ses livres.
Celle de cet exemplaire est de :
**600 g éq. CO$_2$**
Rendez-vous sur
www.hachette-durable.fr

ISBN : 978-2-01-117551-9

© HACHETTE LIVRE 2009, 43, quai de Grenelle, F 75905 Paris cedex 15

**www.hachette.education.com**

# Avant-propos

## QU'EST-CE QU'APPRENDRE À LIRE ?

**Apprendre à lire et à écrire demande à l'élève de développer simultanément diverses compétences.**
Il doit, tout d'abord, construire son projet de lecteur. Pour cela, il est nécessaire qu'il se représente clairement ce qu'est la lecture et ce que savoir lire va lui apporter ; il peut donner ainsi du sens à son apprentissage.

Il doit également :
● poursuivre son acquisition de la maîtrise du langage oral ; comprendre et utiliser un vocabulaire de plus en plus précis et étendu ; comprendre des phrases et des textes (entendus et lus).
● comprendre et maîtriser les relations grapho-phonologiques tout en identifiant de façon de plus en plus automatisée les mots ; maîtriser le geste graphique permettant une écriture de plus en plus rapide et automatisée ;
● produire des écrits en respectant les règles orthographiques, grammaticales et lexicales.

Le développement de l'ensemble de ces compétences doit être progressif et parfaitement organisé afin de permettre à tous les élèves, même les plus fragiles, de lire et écrire.

## QUE PROPOSE LE MANUEL « CHUT… JE LIS ! » ?

### Les particularités du manuel
● Il est composé de deux tomes organisés en chapitres s'articulant autour d'un thème proche des préoccupations des élèves.
Le **tome 1** assure une continuité des apprentissages entre la grande section et le CP. Puis, il propose de travailler la compréhension des textes à partir d'une **lecture entendue**. La **lecture autonome** des élèves s'effectue sur des phrases ou textes réécrits de façon à leur être accessibles.
Dans le **tome 2**, les élèves lisent des **extraits du texte de plus en plus longs**. À la fin de celui-ci, le texte est lu **dans son intégralité**.
● L'étude du manuel est prévue pour une durée de vingt et une semaines. Cela laisse à l'enseignant un temps disponible pour faire découvrir aux élèves d'autres ouvrages, de revenir sur une compétence mal assimilée, de développer des projets de classe…
● Chaque élève est invité à lire en fonction de ses compétences ; l'apprenti lecteur effectuera un apprentissage pas à pas, un lecteur plus à l'aise bénéficiera de textes complémentaires (identifiés par ★) et un lecteur plus confirmé pourra lire des extraits (ou la totalité) du texte narratif.

### Le contenu d'un chapitre
● **Un texte narratif issu de la littérature de jeunesse**
Il est présenté, dans son intégralité, en quatre ou cinq épisodes et enrichi d'illustrations authentiques. En correspondance avec le texte, est organisé un **apprentissage très structuré** du code, de la langue et du vocabulaire.

● **Des pages présentant d'autres écrits**
Les rubriques *Lire pour se documenter*, *Le coin des artistes*, *Le coin bibliothèque* ne sont pas concernées par l'étude du code, laissant ainsi le choix à l'enseignant de les utiliser ou non. Elles offrent la possibilité de travailler de façon pluridisciplinaire.

● **Une page de révision** synthétise les acquisitions du chapitre.

# Sommaire tome 1

| Le coin bibliothèque | Épisode 1 | Épisode 2 | Épisode 3 | Épisode 4 | Épisode 5 |
|---|---|---|---|---|---|
| • *La grande école (le CP)* – F. Bassot<br>• *L'extraordinaire garçon qui dévorait les livres* – O. Jeffers<br>• *Le garçon qui criait : « Au loup ! »** – T. Ross<br>• *Loulou** – G. Solotareff | [a]<br>a à â | [i]<br>i y | [l]<br>l ll | [ʀ]<br>r rr | [p]<br>p pp |
| • *L'œuf de Rostudel** – A. Boy<br>• *Une petite oie pas si bête** – C.-J. Church<br>• *Monsieur Blaireau et Madame Renarde**<br>B. Luciani et È. Tharlet<br>• *Charivari chez les P'tites Poules**<br>C. Jolibois et C. Heinrich | [t]<br>t tt | [y]<br>u | [m]<br>m mm | [u]<br>ou | [ə]<br>e |
| • *Pourquoi je ne suis pas sur la photo ?**<br>K. Bebey et C. Kingue Epanya<br>• *J'ai un problème avec ma mère** – B. Cole<br>• *Un papa sur mesure* – D. Cali et A. L. Cantone<br>• *J'étais comment quand j'étais bébé ?*<br>J. Willis et T. Ross | [d]<br>d dd | [o]<br>o au eau | [ʃ]<br>ch | [e]<br>é er ez | [n]<br>n nn |
| • *Le doudou des camions-poubelles** – Ati<br>• *L'arbre généreux** – S. Silverstein<br>• *Le petit poussin rouge* – T. Matthews<br>• *L'ouragan* – D. Wiesner | [ɔ̃]<br>on om | [b]<br>b | [s]<br>s c ss ç sc t | [ã]<br>an en am em | [v]<br>v w |

* Dans la liste de référence des ouvrages de littérature de jeunesse pour le cycle 2, 2007.

# Sommaire tome 2

| Le coin bibliothèque | Épisode 1 | Épisode 2 | Épisode 3 | Épisode 4 |
|---|---|---|---|---|
| • *Le rêve du renard** – T. Keizaburo<br>• *La musique russe* – C. Helft et A. Fronty<br>• *L'Afrique de Zigomar** – P. Corentin<br>• *Mon chat le plus bête du monde** – G. Bachelet | [ɛ]<br>è ê et<br>ai ei | [f]<br>f ff ph | [k]<br>c k q qu | [wa]<br>oi |
| • *Le dragon de Cracovie**<br>  A. Ivanovitch-Lair et G. Keraval<br>• *Coco Panache** – C. Valckx<br>• *Le chevalier qui cherchait ses chaussettes**<br>  C. Oster<br>• *Le mystérieux chevalier sans nom**<br>  C. Funke et K. Meyer | La lettre c<br>[k] [s] | [ʒ]<br>g j | [z]<br>z s | [ɛ̃]<br>in im<br>ain ein |
| • *Le taxi-brousse de Papa Diop**<br>  C. Kingue Epanya<br>• *Brundibar** – M. Sendak et T. Kushner<br>• *Le rêve de Mia* – M. Foreman<br>• *Nouk qui s'envola* – A. Serres et N. Novi | La lettre s<br>[s] [z] | [g]<br>g gu | [wɛ̃]<br>oin | La lettre g<br>[ʒ] [g] |
| • *Lave-toi les mains !* – T. Ross<br>• *Monstre ne me mange pas**<br>  C. Norac et C. Cneut<br>• *Billy se bile* – A. Browne<br>• *Comme un poisson dans l'eau*<br>  D. Nesquens et R. Blanco | [j]<br>ill il y | [ø] [œ]<br>eu œu<br>[œʀ]<br>eur œur | La lettre h | [ɲ]<br>gn |
| • *L'étonnante histoire d'amour<br>  de Lucien le chien* – C. Cneut<br>• *Les voisins font un cirque le dimanche*<br>  G. Moncomble et N. Fortier<br>• *Je veux être une cow-girl* – J. Willis et T. Ross<br>• *Amis-amies* – T. Ungerer | La lettre x<br>[gz] [ks]<br>[s] [z] | [œ̃]<br>un um | Consolidation<br>ell err ett ess | Consolidation<br>[j...]<br>ier ière<br>ien ienne |

* Dans la liste de référence des ouvrages de littérature de jeunesse pour le cycle 2, 2007.

# Présentation d'un chapitre

## Une page pour présenter le thème

Découvre l'histoire

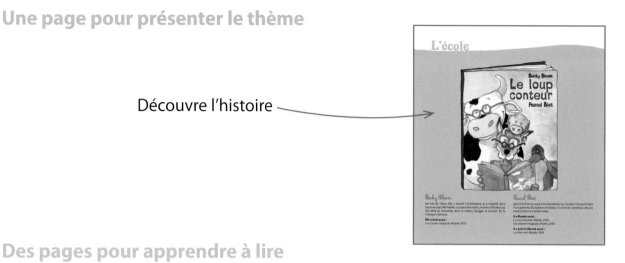

## Des pages pour apprendre à lire

Observe l'illustration

Écoute l'histoire

Réponds aux questions pour mieux comprendre l'histoire

Réponds aux questions pour donner ton avis

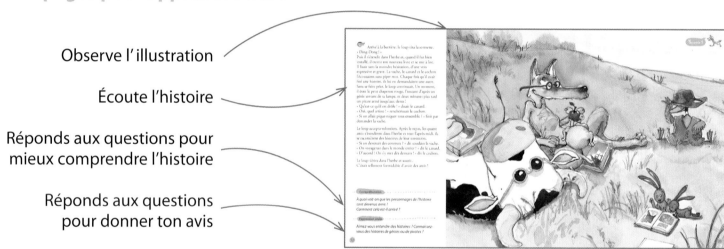

Lis seul des phrases

Découvre et manipule la langue, le vocabulaire

Entraîne-toi avec de nouvelles phrases, des devinettes, des comptines…

Écoute la comptine pour trouver le son étudié

Observe la relation entre le son et les lettres

Découvre et lis le mot de référence

Lis des syllabes et déchiffre des mots

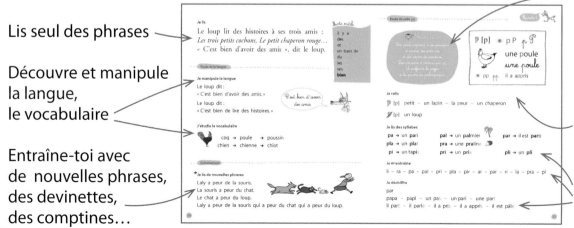

# Des pages pour travailler sur le thème

## ● Lis pour te documenter

Découvre et lis des documentaires

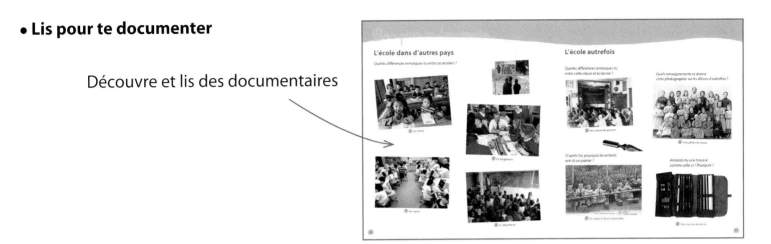

## ● Découvre le coin des artistes et le coin bibliothèque

Écoute des poésies, apprends-les pour les dire

Découvre et observe une œuvre (photographie, peinture…)

Découvre d'autres livres à lire à l'école, à la bibliothèque ou à la maison

## Une page pour réviser

Lis des mots connus

Lis des syllabes

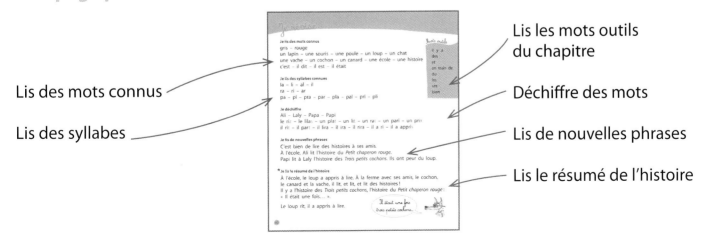

Lis les mots outils du chapitre

Déchiffre des mots

Lis de nouvelles phrases

Lis le résumé de l'histoire

# Sur le chemin de la lecture... de la GS au CP

Le facteur n'est pas passé
Il ne passera jamais
Lundi
Mardi
Mercredi
Jeudi
Vendredi
Samedi
Dimanche !
Ah ! Oui, il est là.

Reconnaissance des mots

## J'observe

lundi   mardi   mercredi   jeudi   vendredi   samedi   dimanche

## Je lis

 lundi   mardi   jeudi   vendredi

 mercredi   samedi   dimanche

Vocabulaire

## J'observe
*Différents calendriers*

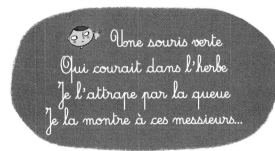

Une souris verte
Qui courait dans l'herbe
Je l'attrape par la queue
Je la montre à ces messieurs...

**Reconnaissance des mots**

**J'observe**

Une souris verte qui courait dans l'herbe...

**Je lis**

une   souris

**Vocabulaire**

**J'observe**

*Les couleurs primaires*          *Les couleurs de l'arc-en-ciel*

 ROUGE          rouge

 JAUNE          orange

 BLEU          jaune

vert

bleu

violet

Mon petit lapin
s'est sauvé dans le jardin.
Cherchez-moi coucou, coucou,
je suis caché sous un chou.

**Reconnaissance des mots**

**J'observe**

Mon petit lapin s'est sauvé dans le jardin.

Cherchez - moi coucou, coucou,
je suis caché sous un chou.

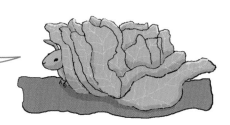

**Je lis**

un lapin

le – un – petit – lapin

le lapin → le petit lapin

**Vocabulaire**

**J'observe**
*Des animaux …*

une souris

un lapin

**une poule**

Mots outils

une
le
un
**la**

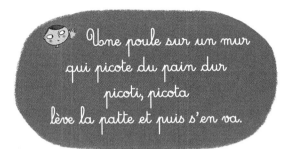

*Une poule sur un mur
qui picote du pain dur
picoti, picota
lève la patte et puis s'en va.*

## Reconnaissance des mots

**J'observe**

Une poule sur un mur qui picote du pain dur
picoti, picota, lève la patte et puis s'en va.

**Je lis**

une poule

la – une – poule

une poule → une petite poule

## Vocabulaire

**J'observe**

*Des animaux à poils…*

une souris

un lapin

**un chat**

*Des animaux à plumes…*

une poule

**un canard**

13

Mots outils

une

le

un

la

**dans**

**est**

Prom'nons-nous dans les bois
pendant que le loup n'y est pas !
Si le loup y'était, il nous mangerait
mais comme il n'y est pas, il nous mang'ra pas !

**Reconnaissance des mots**

**J'observe**

Promenons - nous  dans  les  bois
pendant  que  le  loup  n'y  est  pas !

**Je lis**

un  loup

dans  –  est  –  loup  –  bois

un loup  ➜  un petit loup

Le petit loup est dans le bois.

**Vocabulaire**

**J'observe**

*Des animaux des bois
et des champs…*

une souris          un loup          **un renard**

*Des animaux de la ferme…*

une poule          un lapin          un canard

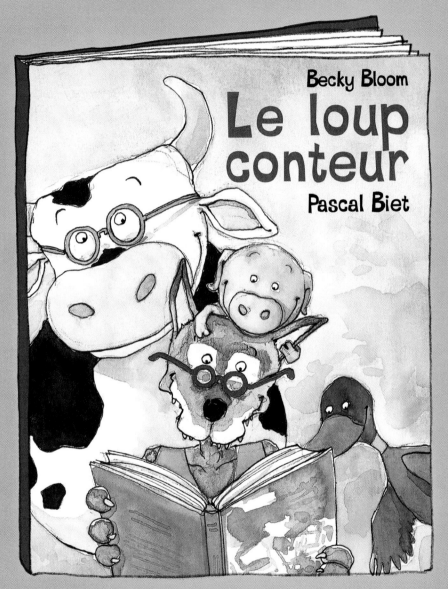

## Becky Bloom

est née en Grèce. Elle a étudié l'architecture et a travaillé dans plusieurs pays. Elle habite actuellement entre Londres et Édimbourg. Elle aime se promener dans la nature, blogger et écouter de la musique classique.

**Elle a écrit aussi :**
*Les crayons magiques*, Mijade, 2003.

## Pascal Biet

est né en France, mais il vit maintenant au Canada. Tout petit déjà, il recopiait les illustrations de Babar. Il a écrit de nombreux albums vendus dans le monde entier.

**Il a illustré aussi :**
*Le coq et le paon*, Mijade, 2006.
*Les crayons magiques*, Mijade, 2003.

**Il a écrit et illustré aussi :**
*Le chien vert*, Mijade, 2008.

Un loup marchait depuis plusieurs jours quand il arriva dans un petit village.

Il était fatigué, il avait faim, il avait mal aux pieds, et il n'avait plus un euro en poche.

C'est alors qu'il se souvint. « Il y a une ferme, pas loin. Là-bas, je trouverai quelque chose à manger. »

Le loup marcha jusqu'à la ferme.

De l'autre côté de la barrière, il aperçut un cochon, un canard et une vache qui lisaient au soleil.

Le loup n'avait jamais vu des animaux lire auparavant.

« J'ai tellement faim que ma vue me joue des tours », se dit-il. Mais il avait beaucoup trop faim pour réfléchir bien longtemps. Se redressant de toute sa taille, il inspira profondément…

… et avec un hurlement, il se jeta sur les animaux !

AHOUAHOUAHOU !

Les poules et les lapins se sauvèrent en courant, mais le canard, le cochon et la vache ne bougèrent pas d'un cil.

### Compréhension

*Pourquoi le loup se jette-t-il sur les animaux de la ferme ?*

*Est-ce que tous les animaux se sauvent ?*

*Sait-on pourquoi ?*

### Expression orale

*Quelles histoires de grand méchant loup connaissez-vous ?*

*Faut-il avoir peur du loup ?*

**Je lis**

À la ferme, il y a des poules, des lapins, un canard, un cochon et une vache.

---
**Étude de la langue**

**Je manipule la langue**

Il y a un canard, un cochon et une vache.
Il y a des lapins et des poules.

**J'étudie le vocabulaire**

lapin → lapereau
chat → chaton

---
**Entraînement**

★**Je lis une nouvelle phrase**

Dans une ferme, il y a des poules, des canards, des cochons et des vaches.

*Comptine*

Madame Chabada
alla à la S.P.A.
acheter un chat.
Elle tomba sur un angora :
– Le voilà, c'est celui-là !
Et elle l'emporta.
Mais lorsqu'elle le lâcha
l'animal se carapata.
Il avait vu passer un rat !

[a] a A *a A*

un chat

*un chat*

à â  *à â*

**Je relis**

[a]   à – la – il y a
mardi – samedi
un lapin – un canard – une vache

[a]   dans – dimanche

Que pensez-vous de ce qui arrive au loup ?
Qu'est-ce que les animaux de cette ferme
ont de spécial ?

Qui peut réciter l'alphabet ?
Qu'est-ce qu'un abécédaire ?

« Qu'est-ce que c'est que ce raffut ? » maugréa la vache.
« Je ne peux pas me concentrer sur mon livre, avec un bruit pareil ! »
« Fais comme s'il n'existait pas », conseilla le canard.

Mais le loup n'aimait pas qu'on fasse comme s'il n'existait pas.
« Qu'est-ce qui ne va pas ? » grogna-t-il, fort mécontent.
« Vous ne voyez pas que je suis le grand méchant loup ? »
« Mais si, mais si ! » fit le cochon. « Seulement, tu ne pourrais pas aller faire
le grand méchant loup ailleurs ?
On essaie de lire, ici !
Tu es dans une ferme pour animaux alphabétisés ! Alors maintenant, sois gentil
et va hurler plus loin », dit le cochon en lui donnant une petite tape dans le dos.

Personne n'avait jamais traité le loup comme ça auparavant !
« Des animaux alphabétisés ! Ça c'est nouveau, tiens ! »
se répétait-il.

21

**Je lis**

# Le canard, le cochon et la vache sont en train de lire. Ils n'ont pas peur du loup.

Mots outils

il y a
des
et
**en train de**
**du**

- - - **Étude de la langue** - - - - - - - - - - - - - - - - - - - - - - - - - - - - - - - - - - - - - - - - - -

**Je manipule la langue**

Le canard est en train de lire. Il n'a pas peur du loup.
Le canard est en train de lire et il n'a pas peur du loup.

**J'étudie le vocabulaire**

lapin → lapereau
souris → souriceau
loup → louveteau

- - - **Entraînement** - - - - - - - - - - - - - - - - - - - - - - - - - - - - - - - - - - - - - - - - - - - - - - - -

★**Je lis une comptine**

**La souris a 7 habits**

Il y a un habit **rouge** pour le lundi.
Il y a un habit orange pour le mardi.
Il y a un habit jaune pour le mercredi.
Il y a un habit **vert** pour le jeudi.
Il y a un habit bleu pour le vendredi.
Il y a un habit **violet** pour le samedi.
L'habit gris c'est pour le dimanche.

[i]   il   i

une souris

une souris

y Y y Y   il y a   il y a

**Comptine**

La souris Minimini
a enfoui dans le taillis
du pain bis et du gruyère.
Le ouistiti l'a senti.
– Hum ! qu'y a-t-il par ici ?
Des provisions pour l'hiver ?
Le ouistiti a tout pris.
Tant pis pour la petite souris !

**Je relis**

[i]   il  –  il y a
petit
lundi  –  mardi  –  mercredi  –  jeudi  –  vendredi
une  souris
lire

[i]   un lapin  –  un bois  –  en train de

« Eh bien, moi aussi je vais apprendre à lire ! » Et il se mit en route pour l'école.

Au début, les enfants n'étaient pas rassurés d'avoir un loup dans leur classe mais, comme il n'essayait pas de les manger, ils s'habituèrent assez vite.
Le loup était studieux. Il travaillait dur. Il sut bientôt lire et écrire, et termina premier de classe.

Assez content de lui, il reprit le chemin de la ferme et sauta par-dessus la barrière.
« Je vais leur montrer, moi ! » se répétait-il.
Il ouvrit son manuel de lecture et commença :
« Le-loup-est-gris. Il-a-des-dents. Le-loup-a-les-dents-gri-ses. »
« Tu as encore beaucoup à apprendre », dit le canard sans même lever les yeux. Et il poursuivit sa lecture, pas le moins du monde impressionné.

Alors le loup sauta la barrière dans l'autre sens et courut à la bibliothèque.

---

**Compréhension**

*Pourquoi le loup est-il content de lui lorsqu'il prend le chemin de la ferme ?*
*Pourquoi est-ce que les animaux ne sont pas impressionnés par le loup ?*

**Expression orale**

*Qu'est-ce que vous savez déjà lire ?*
*Que pourrez-vous lire d'autre quand vous aurez appris ?*

**Je lis**

À l'école, le loup lit :

« Le loup est gris. Il a des dents.

Le loup a les dents grises. »

*Mots outils*

il y a
des
et
en train de
du
**les**

---

**Étude de la langue**

**Je manipule la langue**

À l'école, le loup lit.
Le loup lit à l'école.

**J'étudie le vocabulaire**

chat → chaton
rat → raton
canard → caneton

---

**Entraînement**

★ **Je lis de nouvelles phrases**

À l'école, il y a un lapereau gris.
Il a deux petites dents.

[l] ● IL *l L*

un lapin

*un lapin*

● Il *ll* ● une balle

## Je relis

[l] le – la – les – il

lundi

un loup – une poule – une école

lire

[l] une fille

## Je lis des syllabes

**la** → un **la**pin          **al** → un **al**bum

**li** → un **li**t            **il** → **il**s

## Je m'entraîne

la – li – la – il – al – li – la – li – il – al – li – la – il

## Je déchiffre

Laly – un lit – le lilas

il lit

Il se plongea avec ardeur dans la lecture d'un tas de livres poussiéreux, tournant fiévreusement les pages et dévorant les chapitres les uns après les autres, jusqu'à ce qu'il soit capable de lire pendant des heures et des heures sans s'arrêter !
« Ils vont être joliment étonnés, cette fois-ci ! » se dit-il.

Le loup marcha jusqu'à la barrière et frappa.
Il ouvrit « Les trois petits cochons » et se mit à lire :
    « Ilétaitunefoistroispetitscochonsunjour
    leurmèrelesappelaetleurdit… »
« Arrêtez le massacre ! » s'écria le canard.
« Tu as fait des progrès », concéda le cochon,
« mais tu dois encore travailler ton style. »
Le loup s'en alla, la queue entre les jambes.

Mais il n'abandonna pas ! Au lieu de ça, il entra dans une librairie et, avec ses derniers euros, il fit l'acquisition d'un splendide recueil de contes. C'était le premier livre qui était vraiment à lui et il le relut des dizaines de fois, sans jamais sauter une ligne. Il voulait lire aussi bien que les animaux de la ferme !

- - **Compréhension** - - - - - - - - - - - - - - - - - - - -

*Que fait le loup pour étonner les animaux alphabétisés ?*
*Quels progrès le loup doit-il encore faire ?*

- - **Expression orale** - - - - - - - - - - - - - - - - - - -

*Qui est déjà allé dans une bibliothèque ?*
*Et dans une librairie ?*
*Que peut-on y faire ?*

**Je lis**

Le loup lit l'histoire des *Trois petits cochons* à ses amis :

« Il était une fois, trois petits cochons… »

**Mots outils**

il y a
des
et
en train de
du
les
**ses**

- - - **Étude de la langue** - - - - - - - - - - - - - - - - - - - - -

**Je manipule la langue**

Les trois petits cochons ont peur.     Les cochons ont peur du loup.
Les trois petits cochons ont-ils peur ? Les cochons ont-ils peur du loup ?

**J'étudie le vocabulaire**

une souris  →  une souris  →  un souriceau

un lapin  →  une lapine  →  un lapereau

un canard  →  une cane  →  un caneton

un chat  →  une chatte  →  un chaton

- - - **Entraînement** - - - - - - - - - - - - - - - - - - - - - - - -

★**Je découvre des couvertures de livres**

**Des histoires de loup**

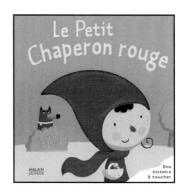

 Épisode 4

 Comptine

*Trois gros rats gris dans la clairière
rongeaient trois grosses pommes de terre.
Le premier grimaça : c'est trop dur !
Son frère ronchonna : c'est trop mûr !
Le troisième déclara : c'est parfait !
Et «rrr», il fit un rot discret.*

[R] ● r R *r R*

un rat
*un rat*

rr *rr* la Terre

**Je relis**

[R]   en train de  –  trois

gris

mardi  –  mercredi  –  vendredi

une souris  –  une ferme  –  un canard  –  la peur  –  une histoire

lire

[R]   un panier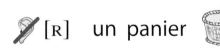

**Je lis des syllabes**

**ra** → un **ra**t              **ar** → une **ar**moire

**ri** → une sou**ri**s

**Je m'entraîne**

ra – li – ri – la – il – ar – ri – la – li – ra – al – ly – il

**Je déchiffre**

le ri**z**  –  un ara

il ri**t**  –  il rira  –  il ira  –  il lira

Arrivé à la barrière, le loup tira la sonnette.
« Ding-Dong ! »
Puis il s'étendit dans l'herbe et, quand il fut bien
installé, il ouvrit son nouveau livre et se mit à lire.
Il lisait sans la moindre hésitation, d'une voix
expressive et grave. La vache, le canard et le cochon
l'écoutaient sans piper mot. Chaque fois qu'il avait
fini une histoire, ils lui en demandaient une autre.
Sans se faire prier, le loup continuait. Un moment,
il était le petit chaperon rouge, l'instant d'après un
génie sortant de sa lampe, et deux minutes plus tard
un pirate armé jusqu'aux dents !
« Qu'est-ce qu'il est drôle ! » disait le canard.
« Oui, quel artiste ! » renchérissait le cochon.
« Si on allait pique-niquer tous ensemble ? » finit par
demander la vache.

Le loup accepta volontiers. Après le repas, les quatre
amis s'étendirent dans l'herbe et tout l'après-midi, ils
se racontèrent des histoires de leur invention.
« Si on devenait des conteurs ? » dit soudain la vache.
« On voyagerait dans le monde entier ! » dit le canard.
« D'accord ! On s'y met dès demain ! » dit le cochon.

Le loup s'étira dans l'herbe et sourit.
C'était tellement formidable d'avoir des amis !

**Compréhension**

*À quoi voit-on que les personnages de l'histoire
sont devenus amis ?
Comment cela est-il arrivé ?*

**Expression orale**

*Aimez-vous entendre des histoires ? Connaissez-
vous des histoires de génies ou de pirates ?*

**Je lis**

Le loup lit des histoires à ses trois amis :
*Les trois petits cochons, Le petit chaperon rouge…*
« C'est bien d'avoir des amis », dit le loup.

Mots outils

il y a
des
et
en train de
du
les
ses
**bien**

---

**Étude de la langue**

**Je manipule la langue**

Le loup dit :

« C'est bien d'avoir des amis. »

Le loup dit :

« C'est bien de lire des histoires. »

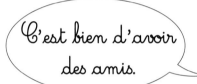

C'est bien d'avoir des amis.

**J'étudie le vocabulaire**

coq → poule → poussin
chien → chienne → chiot

---

**Entraînement**

★ **Je lis de nouvelles phrases**

Laly a peur de la souris.
La souris a peur du chat.
Le chat a peur du loup.
Laly a peur de la souris qui a peur du chat qui a peur du loup.

### Comptine

La poule apprend à ses poussins
à picorer du pain sec
et des pépins de pastèque.
Les poussins n'aiment pas ça,
ils préfèrent les pizzas
à la poudre de perlimpinpin.

[p]    p P  p P

une poule

*une poule*

pp  pp    il a appris

## Je relis

[p]    petit – un lapin – la peur – un chaperon

[p]    un loup

## Je lis des syllabes

**pa** → un **pa**ri        **pal** → un **pal**mier        **par** → il est **par**ti

**pla** → un **pla**t        **pra** → une **pra**line        **pli** → un **pli**

**pi** → un ta**pi**s        **pri** → un **pri**x        

## Je m'entraîne

li – ra – pa – pal – pri – pla – pir – ar – par – ri – la – pra – pi

## Je déchiffre

par

papa – papi – un pas – un pari – une part

il part – il parle – il a pris – il a appris – il est pâle

# L'école dans d'autres pays

*Quelles différences remarques-tu entre ces écoliers ?*

1 En Chine

2 En Angleterre

3 Au Japon

4 En Mauritanie

# L'école autrefois

Quelles différences remarques-tu
entre cette classe et la tienne ?

5 Une classe de garçons

Quels renseignements te donne
cette photographie sur les élèves d'autrefois ?

6 Une photo de classe

D'après toi, pourquoi les enfants
ont-ils un panier ?

NOS PETITS ÉCOLIERS

7 Un repas à l'école maternelle

Aimerais-tu une trousse
comme celle-ci ? Pourquoi ?

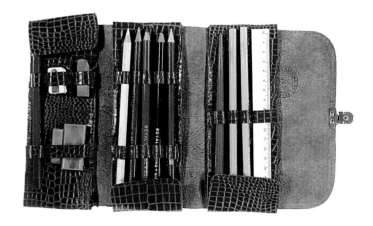

8 Une trousse ancienne

# Le coin des artistes

## Poème du cartable rêveur

Pendant que tu étais
Sur la plage, cet été,
Ou bien dans la forêt,
As-tu imaginé
Que ton cartable rêvait ?
Il rêvait d'avaler
Des crayons, des cahiers,
Puis d'aller, comme on vole,
Sur le chemin de l'école.

Carl Norac

## Pour la rentrée

Je voulais dans mon cartable
Emporter mes châteaux de sable,
mon cerf-volant, des coquillages
et le portique de la plage.

Maman m'a dit :
« Ce n'est pas permis
et puis tout ça
Ça ne rentre pas ! »

Alors j'ai pris un beau stylo,
Pour le goûter, quelques gâteaux
Et que des choses raisonnables.
Plus trois petits grains de sable !

Pierre Ruaud

*D'après toi, pourquoi Robert Doisneau a-t-il choisi de photographier ce moment ?*

Des écoliers photographiés par Robert Doisneau

## La grande école (le CP)

Rentrer à l'école des grands, ça fait plaisir…
Mais ça fait un peu peur aussi !
À la fin de l'année, que dit-on du CP ?

Flow Bassot, Les éditions d'à côté, 2007

## L'extraordinaire garçon qui dévorait les livres

Les livres, c'est bon ! En les dévorant,
on apprend… Mais attention à ne pas
se rendre malade !

Olivier Jeffers, trad. Élisabeth Duval, Kaléidoscope, 2007

## Le garçon qui criait : «Au loup !»

Chaque fois que Louis n'avait pas envie
de faire quelque chose, prendre son bain
par exemple, il criait : « Au loup ! »…
même s'il n'y avait pas de loup dans les parages.
Est-ce vraiment une bonne idée ?

Tony Ross, trad. Claude Lauriot-Prévost,
Gallimard Jeunesse, 2001

## Loulou

Quand on est un loup, même un petit loup
très gentil, peut-on devenir l'ami d'un lapin,
et surtout le rester ? Peut-on impunément
jouer à la peur-du-loup ?

Grégoire Solotareff, L'École des loisirs, 2001

# Je révise

**Je lis des mots connus**

gris – rouge

un lapin – une souris – une poule – un loup – un chat

une vache – un cochon – un canard – une école – une histoire

c'est – il dit – il est – il était

**Je lis des syllabes connues**

la – li – al – il

ra – ri – ar

pa – pi – pra – par – pla – pal – pri – pli

**Je déchiffre**

Ali – Laly – Papa – Papi

le riz – le lilas – un plat – un lit – un rat – un pari – un prix

il rit – il part – il lira – il ira – il rira – il a ri – il a appris

**Je lis de nouvelles phrases**

C'est bien de lire des histoires à ses amis.

À l'école, Ali lit l'histoire du *Petit chaperon rouge*.

Papi lit à Laly l'histoire des *Trois petits cochons*. Ils ont peur du loup.

★ **Je lis le résumé de l'histoire**

À l'école, le loup a appris à lire. À la ferme avec ses amis, le cochon, le canard et la vache, il lit, et lit, et lit des histoires !

Il y a l'histoire des *Trois petits cochons*, l'histoire du *Petit chaperon rouge* : « Il était une fois… ».

Le loup rit, il a appris à lire.

*Il était une fois trois petits cochons...*

## Mots outils

il y a
des
et
en train de
du
les
ses
bien

# La différence

Le vilain petit canard

Hans Christian Andersen
Laurence Clément

hachette
ÉDUCATION

## Hans Christian Andersen

est né en 1805 au Danemark. Ses contes l'ont rendu célèbre dans le monde entier. Il est aussi connu au Danemark pour ses découpages en papier. *Le vilain petit canard* a été écrit en 1842 ; il existe de nombreuses éditions de ce conte. Cette adaptation a été rédigée par Joëlle Thébault.

**Il a écrit aussi :**
*La petite poucette, La petite fille aux allumettes.*

## Laurence Clément

dessine depuis toute petite, mais c'est depuis quelques années seulement qu'elle a décidé d'en faire aussi son métier. Elle vit dans une grande maison à la campagne où il y a beaucoup de « vilains petits canards » sur les étangs.

**Elle a illustré aussi :**
*Le petit chaperon rouge* et des *Contes africains* en bandes dessinées dans des ouvrages collectifs aux éditions Petit à Petit.

Qu'il faisait bon dans la campagne ! C'était l'été. Les blés étaient dorés, les forêts et les prairies verdoyaient. Dans un fossé, une cane s'était abritée pour couver. Elle trouvait le temps long. Enfin, un œuf après l'autre craqua et les canetons sortirent la tête : « Pip, pip. » Les petits sortaient de la coquille et regardaient de tous côtés. « Est-ce que vous êtes tous là ? dit la cane. Non, le plus grand œuf est encore entier. Il lui en faut, du temps ! »

Une vieille cane passait par là.
– Regardez cette jolie couvée, lui dit la mère. Mais celui-ci ne se décide pas à éclore !
– Montre-moi ça, dit la vieille. C'est sûrement un œuf de dinde. Tu devrais le laisser.
– Je veux tout de même le couver encore un peu, au point où j'en suis.
Enfin, l'œuf se brisa. « Pip, pip », dit le petit en roulant dehors. Il était si grand et si laid que la cane fut bien étonnée. « Quel caneton, dit-elle, il ne ressemble à aucun autre ! »

Le lendemain, la cane les emmena tous nager. Les canetons plongèrent l'un après l'autre, même l'affreux gros gris. « Non, ce n'est pas un dindonneau, s'exclama la mère. Voyez comme il sait se servir de ses pattes ! C'est bien mon petit. Venez, je vais vous présenter aux autres canards. »

**Compréhension**

*Quand la cane est-elle contente ? Pourquoi ? Pourquoi dit-elle que le petit dernier est bien à elle ?*

**Expression orale**

*Avez-vous déjà trouvé des œufs, ou un nid ? Et vous, aimez-vous l'eau ? Savez-vous nager ?*

**Je lis**

« Pip, pip », les canetons arrivent un par un, petit à petit… sauf un !

« Ah ! le voilà ! » dit la cane.

« Pip, pip ! Pip, pip ! » dit le petit.

C'est un vilain petit canard qui est là !

*Mots outils*

**sauf**
**voilà**
**qui**

---

**Étude de la langue**

**Je manipule la langue**

le canard – un canard – mon canard – ce canard

la lapine – une lapine – ma lapine – cette lapine

**J'étudie le vocabulaire**

chat → chatte
petit → petite
vert → verte

un petit chat
une petite chatte

un rat vert
une souris verte

---

**Entraînement**

★ **Je lis une comptine**

**Toc, toc, qui est là ?**

| Toc, toc, | Que veux-tu ? | Pour la souris. |
| Qui est là ? | Du tissu. | Pourquoi ? |
| C'est le rat. | Pour qui ? | Parce qu'elle a froid. |

*Comptine*

Le chaton dort sous le lit
la chatte dort sur le tapis
le matou dort dans l'appentis.
Mais au petit matin
tous trois jouent avec entrain,
pattes griffues - quenottes pointues.

[t]    tT  *t*  *C*

un tapis
un tapis

tt  *tt*  une chatte

## Je relis

[t]    en train de  –  trois  –  petit
       un caneton  –  une histoire
       il était

[t]    il dit  –  il est

## Je lis des syllabes

**ta** → un **ta**bleau    **tar** → une **tar**tine    **tra** → un **tra**pèze

**ti** → une **ti**relire    **tir** → par**tir**   **tri** → un **tri**cot

## Je m'entraîne

ta – ti – tal – tri – tra – ta – tar – ti – tir – ta – tri – tra – tar – tir

## Je déchiffre

un ta**s**  –  un tipi  –  un tri
il est parti  –  il est tar**d**

Que font les habitants de la ferme quand
ils voient le vilain petit canard ?
Pourquoi est-ce que le caneton s'échappe ?

Est-ce qu'on s'est déjà moqué de vous ?
Quel effet cela fait-il ?

« Tenez-vous bien ! » disait la cane au moment de présenter ses petits.
En les voyant arriver, les canards autour d'eux s'exclamèrent :
– Tiens, voilà une nouvelle famille ! Mais il y en a un vraiment affreux,
celui-là nous n'en voulons pas.
– Laissez-le tranquille, dit la mère. Il ne fait de mal à personne.
– Il n'est guère réussi ! dit la vieille cane. Dommage qu'on ne puisse pas
le refaire !
– Ce n'est pas possible, dit la mère des canetons ; il n'est pas si laid et il nage
bien, aussi bien que les autres, mieux même. En grandissant, il deviendra
présentable. Vous verrez, il fera son chemin !
Cependant, le pauvre caneton trop grand, trop laid, était la risée de tous.
Les canards et même les poules le bousculaient. Le pauvre ne savait comment
leur échapper. La fille de ferme lui donnait des coups de pied. Ses frères
et sœurs, eux-mêmes, lui criaient :
– Si seulement le chat pouvait t'emporter !
C'en était trop ! Le malheureux s'envola par-dessus la haie et des oiseaux
s'enfuirent. « Je suis si laid que je leur fais peur », pensa-t-il. Il courut jusqu'au
grand marais où vivaient les canards sauvages. Il tombait de fatigue
et de chagrin et resta là toute la nuit.

**Je lis**

« Voilà la cane et ses petits qui arrivent »,
dirent les canards. La cane présenta
les canetons aux poules et aux canards.
« C'est un vilain petit canard ! » dirent
les canards et les poules.
Le caneton se sauva.

---

### Étude de la langue

**Je manipule la langue**

un canard → un petit canard
une poule → une petite poule

une souris → une souris grise
un rat → un rat gris

**J'étudie le vocabulaire**

**rouge**  un tapis rouge    une jupe rouge

jaune  un poussin jaune    une poule jaune

---

### Entraînement

★ **Je lis une comptine**

**Qui a vu dans la rue...**

Qui a vu dans la rue
le petit chat ?
Qui a vu dans la rue
le chaton tout nu ?

Qui a vu dans la rue
le petit canard ?
Qui a vu dans la rue
le caneton tout nu ?

Comptine

Au bout de l'avenue
se trouve une rue.
Le long de la rue
il y a un talus.
Une, deux, trois,
grimpe dessus,
tu découvriras
un monde inconnu.

[y]  u U  u U

une rue
une rue

**Je relis**

[y]  une – du – une rue

[y]  un – sauf – rouge – un loup

**Je lis des syllabes**

**lu** → la **lu**ne      **ru** → une **ru**e      **pu** → **pu**naise

**tu** → une tor**tu**e   **plu** → une **plu**me   **pru** → une **pru**ne

**pul** → un **pul**l      **tur** → un **tur**ban

**Je m'entraîne**

lu – pu – ta – tru – tu – plu – ti – pru – tra – tur – ru – pul – pur

**Je déchiffre**

tu – lui – plus – puis

un tutu – un puits – un talus – la pulpe

il a plu – il a lu – il est pur

49

Au matin, les canards sauvages s'étonnèrent de la laideur du caneton, mais le laissèrent en paix. Il resta là deux jours. Alors vinrent deux oies sauvages. Le vilain petit canard allait les rejoindre, mais on entendit Pif ! Paf ! Elles tombèrent mortes dans les roseaux. Des chasseurs cernaient le marais. Les chiens de chasse couraient dans la vase. Platch ! Platch ! Le pauvre caneton, épouvanté, vit passer tout près un immense chien qui partit sans le toucher. Il attendit longtemps avant d'oser quitter le marais.

Vers le soir, il atteignit une masure et réussit à se glisser à l'intérieur. La vieille paysanne qui habitait là, avec son chat et sa poule, le découvrit au matin. Elle le prit pour une cane et le garda pour avoir des œufs. Quand elle se rendit compte de son erreur, elle ne le mit pas dehors. Cependant, le vilain petit canard n'était pas heureux : le chat et la poule le méprisaient parce qu'il ne savait ni pondre ni ronronner, puis le caneton regrettait le grand air et l'eau. Il ne put s'empêcher de dire à la poule combien il avait envie de nager.
– En voilà un plaisir, dit-elle. Tu es complètement fou. Demande au chat, s'il aime glisser sur l'eau ou plonger la tête dedans.
– Vous ne me comprenez pas, soupira le caneton. Et il s'en alla.

**Compréhension**

*Pourquoi le vilain petit canard ne reste-t-il pas dans le marais avec les canards sauvages ?*
*Quelle erreur la paysanne fait-elle ?*
*Pourquoi le héros s'en va-t-il ?*

**Expression orale**

*Avez-vous déjà vu des chasseurs ?*
*Connaissez-vous des histoires de chasseurs ?*

**Je lis**

Le vilain petit canard arriva chez une paysanne
qui habitait là avec un chat et une poule.
Ni le chat ni la poule ne regardaient le vilain
petit canard.
Le caneton se sauva.

*Mots outils*

sauf
voilà
qui
aux
**chez**
**avec**
**ni**

- - - **Étude de la langue** - - - - - - - - - - - - - - - - - - - - - - - - - - - - - - - - - - - - - - - - -

**Je manipule la langue**

un chat → une chatte                    un chat gris → une chatte grise
un paysan → une paysanne                un vilain paysan → une vilaine paysanne

**J'étudie le vocabulaire**

un tapis vert – un tapis gris – un tapis violet

une jupe verte – une jupe grise – une jupe violette

une jupe

- - - **Entraînement** - - - - - - - - - - - - - - - - - - - - - - - - - - - - - - - - - - - - - - - - - - - - - - - - - -

★ **Je lis de nouvelles phrases**

Bonjour Matt.
J'ai aussi un chat, c'est un vilain !
Il se sauve dans la rue.

Allô ! Bonjour Marie.
C'est Matt ! Chez moi,
j'ai un petit chaton,
c'est Plume.

**Comptine**

Momo grimpe sur le mur
pour atteindre le pommier.
Miam, miam, miam !
J'aimerais cette pomme mûre.
Malheureusement un vermisseau
venait d'y emménager.
Plus de pomme pour Momo,
elle était déjà mangée !

[m]  m M m M

un mur
un mur

mm  mm

une pomme

## Je relis

[m]  mardi – mercredi – samedi – dimanche

[m]  une lampe

## Je lis des syllabes

**ma** → un la**ma**          **mi** → un a**mi**          **mu** → la **mu**sique

**mar** → **mar**di          **mal** → il a **mal**          **mur** → un **mur**

## Je m'entraîne

ma – mi – ta – mu – ti – mur – tu – mar – mir – pu – mal – tru

## Je déchiffre

Marie – Mamie

une amie – un mari – la mie – un mât – un puma – une mite

elle a mal – il a mis

L'automne vint. Le ciel se chargea de nuages lourds de neige. Le pauvre caneton grelottait. Un soir, un vol d'oiseaux sortit des buissons. Jamais le vilain petit canard n'en avait vu de si beaux, d'une blancheur éclatante, avec de longs cous flexibles. Ils ouvraient leurs larges ailes et s'envolaient pour les pays chauds. Le caneton tendit le cou vers le ciel. Il poussa un cri étrange qui l'effraya lui-même ! Jamais il ne pourrait oublier ces oiseaux merveilleux ! Il les aimait comme il n'avait jamais aimé personne. Quel rêve ce serait de partir avec eux vers le sud ! Mais il n'osait pas même y songer, ils étaient trop différents de lui…

L'hiver fut terriblement froid. Le petit canard était obligé de nager constamment pour empêcher l'eau de geler. Mais, chaque nuit, le trou où il nageait devenait plus petit. À la fin, épuisé, il resta pris dans la glace. Au matin, un paysan qui passait le délivra et le porta chez lui où sa femme le ranima. Leurs enfants voulaient jouer avec le caneton, mais lui, se croyant menacé, cherchait à s'échapper. Les enfants se bousculaient pour l'attraper et ils riaient, ils criaient. Heureusement, la porte était ouverte ! Le petit canard se blottit sous les buissons, anéanti. Il serait trop triste de raconter tous les malheurs et les peines qu'il dut endurer en ce long hiver.

Pourquoi les oiseaux blancs partent-ils vers le sud ?
Pourquoi le vilain petit canard s'enfuit-il
de la maison ?

**Expression orale**

Quelle saison préférez-vous ? Pourquoi ?

**Je lis**

Le petit canard nageait et nageait, mais le trou était de plus en plus petit ; il resta pris dans la glace. Un paysan, qui habitait là, le prit chez lui. Le caneton prit peur et se sauva.

---

**Étude de la langue**

**Je manipule la langue**

un petit tapis

un tapis rouge

un chat gris

un vilain chat

**J'étudie le vocabulaire**

 une orange

 un tapis orange

 une rose

 un tapis rose

---

**Entraînement**

★**Je lis une devinette**

Des petits cochons ont peur d'un vilain loup. Quelle est cette histoire ?

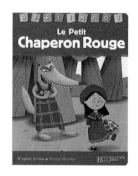

### Comptine

Deux asticots se demandent où
ils vont faire leur trou.
Feuille de houx ?
Feuille de chou ?
Hou ! Le houx n'est pas doux,
ce n'est pas pour nous !
Ouf ! Le chou est tout mou
et il a bon goût, installons-nous !

[u]   ou Ou ou Ou

un chou

un chou

où   où

## Je relis

[u]   rouge  –  une souris  –  un souriceau

## Je lis des syllabes

lou → un loup        mou → un moulin         tou → une toupie

pou → une poule      rou → un rouleau        tour → une tourterelle

prou → la proue      trou → un troupeau 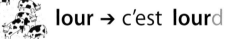      lour → c'est lourd

## Je m'entraîne

pou – ru – prou – mu – tou – mou – tour – pour – mur – trou

## Je déchiffre

où – tout – pour – pourri – mou
Marilou – Lilou – Lou – Louis
une loupe – un moule – un outil – il est roux

Pourtant, le soleil se mit enfin à briller. C'était le printemps.
Alors, les ailes du petit canard le soulevèrent, et il se retrouva dans un parc.
Et voilà que trois superbes cygnes blancs nageaient vers lui. Il fut pris soudain
d'une étrange mélancolie. « Je vais voler jusqu'à eux, tant pis s'ils me battent pour
mon audace ! » En le voyant, ils s'approchèrent. « Tuez-moi », dit le pauvre caneton
en inclinant la tête vers la surface des eaux. Mais dans son reflet, au lieu d'un vilain
gros oiseau gris et lourdaud, il vit qu'il était devenu… un cygne !!!
Il ne regrettait pas le temps des épreuves puisqu'elles devaient le conduire vers
un tel bonheur ! Les grands cygnes blancs nageaient autour de lui et le caressaient
de leur bec. Les vieux cygnes s'inclinaient devant lui. Tout confus, il se cachait
la tête sous l'aile. Il se sentait trop heureux, pas du tout orgueilleux pourtant.
Il se rappelait combien il avait été pourchassé et haï alors qu'il était le même
qu'aujourd'hui où on le déclarait le plus beau de tous ! Alors il gonfla ses plumes,
leva vers le ciel son col flexible et, de tout son cœur comblé, il cria :
« Aurais-je pu rêver d'être aussi heureux quand je n'étais que le vilain petit canard ! »

**Compréhension**

*Comment se sent le héros à la fin de l'histoire ?
Pourquoi ?
De quelles épreuves parle-t-il ?*

**Expression orale**

*Est-ce que vous avez déjà eu l'occasion d'être félicité, applaudi ? Pourquoi ?
Quel effet cela fait-il ?*

**Je lis**

Le caneton aperçut son reflet dans l'eau.
D'un vilain petit canard, il était devenu
un beau cygne. Tous les cygnes dirent :
« C'est le plus beau de tous ! »
Le caneton, parmi les cygnes, était sauvé.

Mots outils

sauf
voilà
qui
aux
chez
avec
ni
mais
**son**

**Étude de la langue**

**Je manipule la langue**

un beau cygne
une belle cane

un vieux chat
une vieille cane

**J'étudie le vocabulaire**

jaune      un poussin jaune        un garçon blond

**marron**     un pull marron          un garçon brun

orange     un tapis orange         un garçon roux

**Entraînement**

★ **Je lis de nouvelles phrases**

D'un vilain chaton, il est devenu un beau chat.

D'un vilain caneton, il est devenu un beau canard.

D'un beau louveteau, il est devenu un vilain loup.

D'un beau souriceau, il est devenu une vilaine souris.

**Comptine**

Entre renard et requin
lequel est le plus malin ?
Jamais on ne le saura :
le renard vit dans le champ,
le requin dans l'océan.
Ils ne se rencontreront pas !

[ə]    e E  e E

un renard

un renard

## Je relis

[ə]    samedi – un reflet – un caneton – un lapereau – un chaperon
il est devenu

[ə]    beau – et – est

## Je lis des syllabes

**le** → un ca**le**çon     **me** → sa**me**di           **pe** → **pe**tit

**re** → un **re**nard           **te** → une po**te**rie     **pre** → **pre**mier  1ᵉʳ

## Je m'entraîne

le – mou – mu – pe – te – mi – re – pre – tre – ma – me – ple

## Je déchiffre

petit – petite

un repas – une tirelire – un matelas

## Tous différents mais tous égaux

**À l'école, tous les enfants sont égaux.**

*Quelles différences présentent ces enfants ?*

## À l'école, tous les enfants ont des droits et des devoirs.

*Qu'as-tu le droit de faire en classe ?*
*Qu'as-tu le devoir de faire en classe ?*

À l'école,
j'ai le droit d'être respecté,
j'ai le droit d'apprendre,
j'ai le droit d'être en sécurité,
j'ai le droit de me tromper.

À l'école,
j'ai le devoir de respecter les autres,
j'ai le devoir de respecter le règlement,
j'ai le devoir de respecter le matériel,
j'ai le devoir de travailler.

*Recherche d'autres droits et devoirs des enfants à l'école.*

# Le coin des artistes

## La libellule et le colimaçon

Une libellule s'était
entichée
d'un timide colimaçon.
« Mon aimé si gracieux
avec de petites cornes
pour porter les yeux »,
lui disait-elle.
Mais qui peut entendre
les paroles d'une libellule ?
Certainement pas
un colimaçon
qui, de surcroît,
a mauvaise vue.

## L'ours blanc et l'ours brun

L'ours blanc – c'est son droit –
n'aimait pas l'ours brun
qui le lui rendait bien.
Un chasseur, un matin, survint
et de trois balles, de son vieux fusil
blessa sérieusement l'ours brun.
L'ours blanc en fut tout ému. Aussi
quand le chasseur voulut, la croyant morte,
s'approcher de sa victime,
   l'ours blanc bondit sur lui
et, d'un seul coup de patte l'assomma.
L'ours brun, malgré sa douleur, sourit.
Et l'ours blanc s'en réjouit, se souvenant
qu'ils étaient frères.
Plus tard, ils dévorèrent, à eux deux,
l'aventureux chasseur malchanceux.

Edmond Jabès, *Petites poésies pour jours de pluie et de soleil*,
© Éditions Gallimard (pour les deux poèmes)

*Comment peux-tu reconnaître le Petit Poucet ?*

Illustration du *Petit Poucet*, de Charles Perrault,
par Gustave Doré

Gustave Doré a aussi illustré des fables
de Jean de La Fontaine.

# Le coin bibliothèque

## L'œuf de Rostudel

Les animaux de la ferme trouvent un œuf énorme.
Ils s'organisent pour le couver, et le gros poussin gris
qui en sort est adopté. Mais quand une encyclopédie
révèle que c'est un manchot royal, les problèmes
commencent…

Armelle Boy, Bayard Jeunesse, 2001

## Une petite oie pas si bête

Une petite oie « cra-cra » est toujours couverte de boue
et les autres oies se moquent d'elle… Mais pourquoi
est-ce donc la seule que le renard ne pourchasse pas,
les nuits de pleine lune ?

Caroline-Jayne Church, trad. Michelle Nickly, Louis de Aguiar,
Albin Michel Jeunesse, 2005

## Monsieur Blaireau et Madame Renarde

### 1. LA RENCONTRE

Les petits blaireaux qui vivent avec leur père voient
d'un très mauvais œil l'arrivée de Madame Renarde
et de sa fille : pour les enfants, pas question
de cohabiter…

Brigitte Luciani et Ève Tharlet, Dargaud, 2006

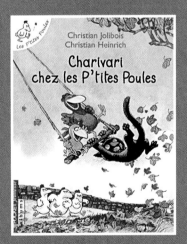

## Charivari chez les P'tites Poules

Les p'tites poules recueillent un petit chat :
le meunier, superstitieux, l'a jeté à la rivière parce
qu'il est noir ! Mais les autres poules accepteront-elles
de le garder ?

Christian Jolibois, Christian Heinrich, Pocket Jeunesse, 2005

# Je révise

**Je lis des mots connus**

peur – vilain – beau – un caneton – un cygne – un chou
un renard – il se sauva

**Je lis des syllabes connues**

ta – ti – tar – tir – tal – tra – tri
lu – ru – tu – pu – pru – tru – plu – tur – pur
ma – mi – mu – mar – mir – mur – mal
lou – rou – pou – tou – mou – prou – trou – lour – pour – tour
le – re – pe – te – me – pre

**Je déchiffre**

lui – plus – puis – pour – ou – tout – où
Marie – Mamie – Lilou – un pull – un puits – une roue – une toupie
un puma – un mur – un mari – une tirelire – un outil – un lama – un repas
lourd – pourri – petit – mou – petite
partir – il est tard – il a plu – il a pris – il est parti – il a lu – elle a mal

**Je lis de nouvelles phrases**

Mercredi, Marie est chez Papi avec Louis. Papi a un beau petit chat
qui s'appelle Chaton. Le petit matou a peur de Louis et de son amie,
il se sauve. « Mais où est-il ? » dit Louis. « Chaton ! Chaton ! Où es-tu ? »
« Ah le voilà ! le vilain ! dit Papi, il est près du tapis. » Tous rient.

★**Je lis le résumé de l'histoire**

Les petits de la cane sont tous beaux sauf un. Les poules et les canards
disent tous : « Quel vilain petit canard ! » Ils rient. Le caneton se sauve.
Tour à tour, il va chez une paysanne puis chez un paysan, mais il n'a
pas d'amis. Il a peur et se sauve. Un peu plus tard, il aperçoit son reflet
dans l'eau. D'un vilain caneton, il est devenu un beau cygne.

Mots outils

sauf
voilà
qui
aux
chez
avec
ni
mais
son

# La famille

L'arbre à Grands-Pères

Danièle Fossette
Claire Legrand

Père Castor
Flammarion

## Danièle Fossette

est née en 1954. Elle est professeur de français. Elle a enseigné en France et à Madagascar. Elle vit actuellement à La Martinique. Dans ses livres, elle aborde parfois la vie des enfants dans les pays pauvres.

**Elle a écrit aussi :**
*Quand je serai grand*, Gautier-Languereau, 2006
*Le monstre que personne n'a vu*, Père Castor-Flammarion, 2003

## Claire Legrand

est née à Quimper. Elle a suivi les cours de l'école régionale des beaux-arts de Nantes. Elle a maintenant quitté les bords de mer pour s'installer à la montagne. Elle travaille dans un atelier situé dans son jardin.

**Elle a illustré aussi :**
*Un monstre à la récré*, Milan Jeunesse, 2007
*Si j'étais… écuyère au cirque Boltano*, l'Élan vert, 2008

– Sabrina, Cassandre, Erwan, qu'est-ce qu'un arbre généalogique ?

La maîtresse pose parfois de drôles de questions !

– Et toi, Ousmane, sais-tu ce que c'est ?

Moi ? Je connais le pommier du jardin de monsieur Prosper, un gros châtaignier tordu et même des saules qui pleurent. Mais un arbre gêné…gêné-pas-logique, je n'en ai jamais vu. D'ailleurs, j'en suis sûr, personne dans la classe n'en a entendu parler.

À part Sophie, bien sûr. Elle a sûrement appris le nom de tous les arbres de la terre par ordre alphabétique.

Tiens, justement, c'est elle qui répond !

Comment ? Elle dit que c'est un arbre où l'on met les grands-pères et les grands-mères !

Oh ! là, là ! pauvre Sophie. Il a dû lui pousser un bonzaï dans la tête !

Cela nous fait bien rire.

Mais la maîtresse répond qu'elle a raison ! Ça alors ! Des grands-pères et des grands-mères perchés sur les branches ! Qu'est-ce qu'ils font là ?

En tout cas, mon grand-père ne voudra jamais monter dessus ! C'est sûr !

Alors la maîtresse explique qu'un arbre généalogique n'est pas vraiment un arbre.

Il en a juste la forme. Il permet de présenter l'histoire d'une famille.

Et elle nous demande d'apporter une photographie de nos parents, de nos grands-parents et de les interroger sur leur vie.

## Compréhension

*Qui est interrogé par la maîtresse au début de l'histoire ?*

*Pourquoi le héros doit-il apporter une photographie en classe ?*

## Expression orale

*Quels sont les arbres que vous voyez souvent ?*
*En connaissez-vous d'autres ?*
*Aimeriez-vous faire votre arbre généalogique ?*

**Je lis**

« Un arbre généalogique, c'est un arbre où il y a les grands-pères et les grands-mères », dit Sophie. Ousmane se dit que son grand-père n'ira pas dans l'arbre.

**Étude de la langue**

**Je manipule la langue**

le père → les pères          la mère → les mères

un père → des pères          une mère → des mères

ce chat → ces chats          cette cane → ces canes

mon chat → mes chats          ma cane → mes canes

**J'étudie le vocabulaire**

un garçon

un grand garçon

un garçon blond

une fille

une grande fille

une fille blonde

**Entraînement**

★ **Je lis une poésie**

**Dame souris trotte**

Dame souris trotte          Dame souris trotte
Noire dans le gris du soir          Rose dans les rayons bleus
Dame souris trotte          Dame souris trotte
Grise dans le noir […]          Debout, paresseux !

Paul Verlaine

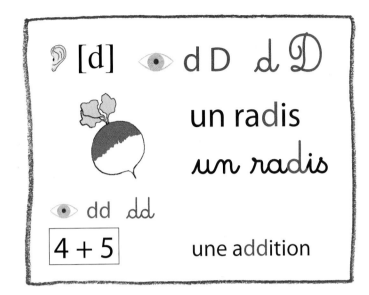

Comptine

Si j'additionne
dix radis plus deux radis,
qu'est-ce que ça donne ?
Douze radis, pardi !
Si j'additionne
douze radis plus douze radis,
qu'est-ce que ça dit ?
Deux douzaines de radis !

[d]   d D  d D

un radis
un radis

dd  dd

4 + 5     une addition

## Je relis

[d]   des – dans

lundi – mardi – mercredi – jeudi – vendredi – samedi – dimanche

une dent

il dit – il est devenu

[d]   un rond  ◯

## Je lis des syllabes

da → la date          di → lundi          du → une dune 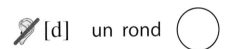          de → dedans

dou → c'est doux      dra → un drap       dre → vendredi          dir → grandir

## Je m'entraîne

da – du – dou – dar – di – de – dir – dra – dou – dur – dre – da – dra – du

## Je déchiffre

du – de

rapide

madame – un malade – midi – une dame – une maladie – de la poudre

dire – c'est dur – il dit

Pour Papa et Maman, pas de problème. Mais pour Grand-Père, catastrophe !
Comment le convaincre que ma maîtresse veut sa photo ?
De retour à la maison, je la lui demande quand même. Il me regarde droit dans les yeux
et il me dit :
– Jamais personne ne m'aplatira sur une image, même pas ta maîtresse !
– Mais, Grand-Père, c'est juste pour la mettre dans un arbre.
– Un arbre ! Elle veut accrocher ma photo à un arbre ! Mais je vais lui dire deux mots !
– Justement, elle veut aussi que tu lui racontes ta vie.
Alors là, Grand-Père se calme. Il adore parler de lui !
– Ah ! Tu pourras lui dire qu'il y a très longtemps, j'habitais un petit village en Afrique.
Très loin d'ici mais très près du désert. N'oublie pas de lui raconter aussi que j'étais
forgeron. Je fabriquais des lances et des outils. Mais… tu ne m'écoutes pas ?
La vie de Grand-Père me passionne d'habitude. Mais aujourd'hui, je me sens embarrassé.
Je réalise que je devrai parler de notre famille devant toute la classe.
– Grand-Père, j'ai peur que les autres se moquent de moi. Tu es le seul grand-père
qui s'appelle Karamoko.

**Compréhension**

*Pourquoi Ousmane dit-il que c'est « la catastrophe » ?*
*Pourquoi a-t-il peur que les autres se moquent
de lui ?*

**Expression orale**

*Est-ce que vous aimez être pris en photo ?*
*Pourquoi ?*
*À quoi servent les photos ?*

**Je lis**

Le grand-père de Ousmane ne veut pas donner
sa photo ; sa photo dans un arbre ! Ah non !
Ousmane a peur, il a peur que Sophie et les autres
se moquent de lui.
Il est le seul qui a un grand-père qui s'appelle Karamoko.

Mots outils

que
**sa**
**non**

---

**Étude de la langue**

**Je manipule la langue**

l'arbre → les arbre**s**

un arbre → des arbre**s**

cet arbre → ces arbre**s**

mon arbre → mes arbre**s**

un arbre, deux arbre**s**, trois arbre**s**…

l'ami → les ami**s**

un ami → des ami**s**

cet ami → ces ami**s**

mon ami → mes ami**s**

un ami, deux ami**s**, trois ami**s**…

**J'étudie le vocabulaire**

**…eau**

 un chap**eau**
 un roul**eau**
 un rât**eau**
 un bat**eau**
 un chât**eau**

---

**Entraînement**

★ **Je lis une devinette**

Le grand-père de Laura
n'a pas d'animal,
il n'a pas de chapeau
et il adore l'eau.
Retrouve sa photo.

**Comptine**

Pour descendre jusqu'à Pau
Arnaud conduit son auto,
au trot !
Pour aller à Saint-Malo
Jo enfourche sa moto,
au galop !
Pour accoster à Bordeaux
Isabeau prend son bateau,
hisse et ho !

[o]  o O  o O

une moto
une moto

ô  ô      un rôti

au  au      eau  eau
autour      un chapeau
autour      un chapeau

**Je relis**

[o]  beau – Sophie – Karamoko
une photo – un cochon
donner

[o]  son – Ousmane – une souris – un bois

**Je lis des syllabes**

lo → vélo            ro → une rose            po → il est poli
to → une tomate      mo → un mot              do → le dos
pro → un professeur  dro → un dromadaire      tro → trop
lau → Laura          tau → une taupe          dau → un landau
leau → un rouleau    reau → un lapereau       teau → un râteau

**Je m'entraîne**

mo – tro – do – lo – to – reau – teau – du – pro – po – di – peau – dra

**Je déchiffre**

autre – Maude – Laurie – Thomas
un matelot – allô – un pot – un troupeau – un drapeau – une auto – la peau

– Et alors ? Tu leur expliqueras que mon prénom signifie « Grand Chasseur de Lions » !
Il y a de quoi être fier, non ?
– Oui… enfin… quand il y a des lions.
– Tu n'auras qu'à ajouter que j'ai traversé le désert.
– Oui, mais toi, c'était sur un dromadaire. Le grand-père de Sophie, lui, a fait le Paris-Dakar
en voiture !
– Dis-leur que la nuit, je sais me guider grâce aux étoiles.
– Ici, les rues sont éclairées, tu sais.
– Et si tu parlais de mon couscous ? Je sais bien le faire, non ?
– Oui, mais tu le manges avec les doigts. À la cantine, tu te ferais gronder ! Non, le mieux,
ce serait que je dise que tu t'appelles euh… Maurice et que tu es charcutier, comme
le grand-père de Julien. Dis, tu es d'accord, Grand-Père ?
– Moi, charcutier ? File d'ici, avant que je ne te transforme en saucisson !
Je sens bien que je suis injuste avec Grand-Père. Ah, les histoires de famille, c'est vraiment
compliqué !

À l'école, les copains racontent la vie de leur grand-père fermier ou de leur grand-mère
boulangère.
Moi, je regarde en silence mon arbre généalogique. Je lui ai dessiné juste un tronc.
J'aimerais bien me cacher derrière.
Mais la maîtresse insiste :
– L'histoire de votre famille a commencé bien avant vous, et vous la continuerez
à votre façon. Si vous l'oubliez, elle se perdra.

Épisode 3

---

**Compréhension**

*Pourquoi Ousmane veut-il mentir sur son grand-père ?*
*Pourquoi dit-il qu'il se sent injuste avec Karamoko ?*
*Dans ces images, qu'est-ce qui est faux ?*

**Expression orale**

*Quel est (ou était) le métier de vos grands-parents ?*

**Je lis**

« Karamoko veut dire *Grand Chasseur de Lions* »,
dit Grand-Père.
Ousmane préférerait dire que Grand-Père est charcutier.
« Moi, charcutier ? Ah non ! » dit Karamoko.
Ousmane se dit qu'il est injuste avec Grand-Père.

*Mots outils*

que
sa
non
**moi**

---

**Étude de la langue**

**Je manipule la langue**

le chapeau → les chapeau**x**          mon râteau → mes râteau**x**

un rouleau → des rouleau**x**          ce château → ces château**x**

**J'étudie le vocabulaire**

…o…

une photo
une **phot**o*graphie*

un vélo
un **vélo***cipède*

une auto
une **auto***mobile*

une moto
une **moto***cyclette*

---

**Entraînement**

★**Je lis un nouveau texte**

À l'école, Charles dit :

– Ma grand-mère est modiste. Elle fait des chapeaux pour les dames,
de drôles de chapeaux !

– Moi, mon grand-père est chapelier. Il fait de grands chapeaux pour les dames
et des chapeaux mous pour les hommes, dit Marie.

🎵 **Comptine**

– *Je cherche mon chameau ?*
*C'est comme un cheval*
*avec deux chapeaux sur le dos !*
*Où s'est-il caché ?*
*Je vais me fâcher !*
– *Moi j'ai vu un cheval.*
*C'est comme un chameau*
*mais sans les chapeaux sur le dos !*

[ʃ] 👁 ch Ch *ch Ch*

un chameau

*un chameau*

👁 sh *sh*

un short *un short*

**Je relis**

👂 [ʃ]   chez

une va**ch**e  –  un co**ch**on  –  un **ch**asseur  –  un **ch**arcutier

**Je lis des syllabes**

**cha** → une **cha**rade      **chi** → une **chi**pie      **chou** → un **chou**

**char** → un **char**cutier      **chu** → un para**chu**te      **che** → une **che**minée

**cho** → du **cho**colat      **chau** → c'est **chau**d

**Je m'entraîne**

chi – chau – peau – cha – do – chu – da – char – dra – teau – dar – chou

**Je déchiffre**

**Ch**arle**s**

un **ch**a**t** – un **ch**apeau – un **ch**ar – un arti**ch**au**t** – une ha**ch**e – une mou**ch**e
une ta**ch**e – une ru**ch**e – un **ch**âteau – une lou**ch**e – un **ch**ou**ch**ou – un **ch**âle
il mar**ch**e – il est ri**ch**e

– Savoir d'où l'on vient, c'est comme avoir des racines. Et les enfants comme les arbres ont besoin de leurs racines pour grandir. Mais d'abord, j'ai une surprise pour vous. Quelqu'un a souhaité venir vous parler de tout cela, et j'en suis très heureuse.

Pourquoi me regarde-t-elle ? Elle attend peut-être qu'il me pousse des racines aux pieds !

Soudain, on frappe à la porte.

– Entrez, dit la maîtresse ravie.

Et la porte s'ouvre. Grand-Père ! Que fait-il ici ? Il entre dans la classe, avec son tam-tam et son boubou.

– Je suis le grand-père de Ousmane. Je m'appelle Karamoko, ce qui veut dire… euh… « Grand Chasseur », dit-il en m'adressant un clin d'œil. Je viens raconter une histoire que le vent du désert m'a apportée.

Boum ! Boum ! Boum ! Son tam-tam résonne aussi fort que mon cœur.

À chaque coup, je m'enfonce un peu plus sur ma chaise.

– Ah ! Le désert ! Savez-vous qu'il n'y a rien de plus beau au monde… et rien de plus terrible aussi. Car le désert avance, avance toujours plus loin et transforme en poussière tout ce qu'il touche. Et rien ni personne ne l'arrête. Bien sûr, les hommes et les animaux ont essayé. Mais le désert a continué d'avancer, d'avancer. Il a asséché les rivières, il a assoiffé les plantes, il a tué les animaux, il a fait fuir les hommes. Jusqu'au jour où…

**Je lis**

Anaya rentre chez elle. Sa mère lui dit :
– Anaya, va chercher une braise chez la voisine ;
le feu s'est éteint !
Anaya va chez la voisine mais là non plus, il n'y a plus
de braise, plus de feu !
Les enfants ont peur ! Toutes les mères crient :
– Va chercher une braise chez la voisine ; le feu s'est éteint !
Les enfants crient :
– Plus de feu ! Plus de feu !

Mots outils

**elle**

Étude de la langue

### Je manipule la langue

l'enfant → **les** enfant**s**     **le** père → **les** père**s**     **le** voisin → **les** voisin**s**

**la** braise → **les** braise**s**     **la** mère → **les** mère**s**     **la** voisine → **les** voisine**s**

### J'étudie le vocabulaire

un garçon → une fille     un coq → une poule

un homme → une femme     un cheval → une jument

Entraînement

★ **Je lis une chanson**

**Au clair de la lune**

Au clair de la lune, mon ami Pierrot
Prête-moi ta plume, pour écrire un mot.
Ma chandelle est morte, je n'ai plus de feu.
Ouvre-moi ta porte, pour l'amour de Dieu.

Au clair de la lune, Pierrot répondit :
Je n'ai pas de plume, je suis dans mon lit.
Va chez la voisine, je crois qu'elle y est
Car dans sa cuisine, on bat le briquet.

83

### Comptine

- Je cherche mon chameau ?
C'est comme un cheval
avec deux chapeaux sur le dos !
Où s'est-il caché ?
Je vais me fâcher !
- Moi j'ai vu un cheval.
C'est comme un chameau
mais sans les chapeaux sur le dos !

[ʃ]

ch Ch *ch Ch*

un chameau

*un chameau*

sh *sh*

un short *un short*

## Je relis

[ʃ] chez

une vache – un cochon – un chasseur – un charcutier

## Je lis des syllabes

cha → une **char**ade          chi → une **chi**pie          chou → un **chou**

char → un **char**cutier       chu → un para**chu**te       che → une **che**minée

cho → du **cho**colat    chau → c'est **chau**d

## Je m'entraîne

chi – chau – peau – cha – do – chu – da – char – dra – teau – dar – chou

## Je déchiffre

Charles

un chat – un chapeau – un char – un artichaut – une hache – une mouche
une tache – une ruche – un château – une louche – un chouchou – un châle
il marche – il est riche

– Savoir d'où l'on vient, c'est comme avoir des racines. Et les enfants comme les arbres ont besoin de leurs racines pour grandir. Mais d'abord, j'ai une surprise pour vous. Quelqu'un a souhaité venir vous parler de tout cela, et j'en suis très heureuse.

Pourquoi me regarde-t-elle ? Elle attend peut-être qu'il me pousse des racines aux pieds ! Soudain, on frappe à la porte.

– Entrez, dit la maîtresse ravie.

Et la porte s'ouvre. Grand-Père ! Que fait-il ici ? Il entre dans la classe, avec son tam-tam et son boubou.

– Je suis le grand-père de Ousmane. Je m'appelle Karamoko, ce qui veut dire… euh… « Grand Chasseur », dit-il en m'adressant un clin d'œil. Je viens raconter une histoire que le vent du désert m'a apportée.

Boum ! Boum ! Boum ! Son tam-tam résonne aussi fort que mon cœur.

À chaque coup, je m'enfonce un peu plus sur ma chaise.

– Ah ! Le désert ! Savez-vous qu'il n'y a rien de plus beau au monde… et rien de plus terrible aussi. Car le désert avance, avance toujours plus loin et transforme en poussière tout ce qu'il touche. Et rien ni personne ne l'arrête. Bien sûr, les hommes et les animaux ont essayé. Mais le désert a continué d'avancer, d'avancer. Il a asséché les rivières, il a assoiffé les plantes, il a tué les animaux, il a fait fuir les hommes. Jusqu'au jour où…

**Compréhension**

De quelles racines parle la maîtresse ?
Pourquoi regarde-t-elle Ousmane ?
Pourquoi Ousmane s'enfonce-t-il sur sa chaise ?

**Expression orale**

Qu'est-ce qu'on voit dans un désert ?
Peut-on y vivre ?

**Je lis**

Grand-Père est à l'école, avec son tam-tam et son boubou.

– Je suis le grand-père de Ousmane. Je m'appelle Karamoko, ce qui veut dire… *Grand Chasseur*. Je viens vous raconter une histoire… Savez-vous qu'il n'y a rien de plus beau que le désert !

*Mots outils*

que
sa
non
moi
**vous**
**rien**

---

**Étude de la langue**

**Je manipule la langue**

la souris → les souris

un puits → des puits

ce tapis → ces tapis

un radis, deux radis, trois radis…

**J'étudie le vocabulaire**

chant → chanteur → chanteuse

danse → danseur → danseuse

 un chanteur

 une danseuse

---

**Entraînement**

★ **Je lis le début d'une histoire**

**Yakouba**

Yakouba arrive à l'âge de devenir adulte.

Pour montrer son courage, il doit chasser le lion et le tuer.

Il part à sa recherche et il a peur !

Arrivé devant le lion, Yakouba voit un lion malade.

Que faire ?

Comptine

Où est allé Amédée
de ce pas pressé ?
Il est allé chez l'armurier
acheter une épée.
Et pourquoi une épée ?
Pour tuer une araignée
qui s'est installée
dans son grenier !

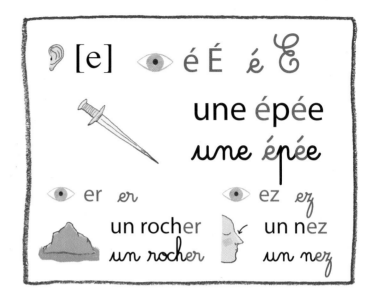

[e]  é É é E

une épée
une épée

er  er        ez  ez

un rocher     un nez
un rocher     un nez

## Je relis

[e]  une école – le désert

raconter – donner – il était sauvé – vous savez

## Je lis des syllabes

| | | | |
|---|---|---|---|
| **lé →** il a appe**lé** | **mé →** le **mé**tro | **ré →** la pu**rée** | **té →** une **té**tine |
| **pé →** une pou**pée** | **dé →** un **dé**part | **ché →** le mar**ché** | **pré →** il **pré**pare |
| **ter →** dou**ter** | **cher →** relâ**cher** | **rer →** répa**rer** | **ler →** par**ler** |
| **tez →** vous dou**tez** | **chez →** vous relâ**chez** | **rez →** vous répa**rez** | **lez →** vous par**lez** |

## Je m'entraîne

lé – mé – po – dré – tré – chou – pé – chez – peau – teau – lez – chau – rez

## Je déchiffre

chez – une étude – un dé – une allée – un pré – un épi – une armée – l'été
hacher – limiter – mimer – rôder – aérer
préparer – vous préparez – vous avez préparé

Je regarde autour de moi, inquiet. Que pensent les autres ? Mais tous les élèves écoutent mon grand-père, bouche bée.

– Jusqu'au jour où, dit-il, quelqu'un a eu l'idée de demander l'aide des Grands Arbres. Ils ont accepté. Ils se sont serrés très fort les uns contre les autres, jusqu'à former une forêt… Ils ont enfoncé leurs racines très profondément dans la terre. Et ils ont attendu courageusement. Le désert s'est approché d'eux. Mais jamais, jamais il n'a pu traverser la forêt. Et savez-vous pourquoi les arbres ont réussi ?

Dans la classe, personne ne le sait. Même pas Sophie. Mais tous réclament la suite de l'histoire. Je me sens rassuré… et même un peu fier.

Alors le tam-tam résonne et mon grand-père ajoute :
– Parce qu'un arbre qui a des racines solides est plus fort que tout. Plus fort que la soif, plus fort que la peur, plus fort que le désert.

Au fait, est-ce que vos arbres ont tous des racines ? demande-t-il malicieusement.

Discrètement, je me dépêche de prendre mon crayon et d'ajouter à mon arbre des racines et des branches. Sur la plus grosse d'entre elles, à la place de la photo, j'écris KARAMOKO.

– Quelle chance tu as, Ousmane, dit Sophie. Moi, j'aimerais bien avoir un grand-père qui raconte des histoires…

- - **Compréhension** ▸ - ▹ - ▸ - ▹ - ▸ - ▹ - ▸ - ▹ - ▸ - ▹ - ▸ - ▹ - ▸ - ▹ - ▸ -

*Pourquoi Ousmane écrit-il Karamoko sur la plus grosse des branches ?*

- - **Expression orale** ▸ - ▹ - ▸ - ▹ - ▸ - ▹ - ▸ - ▹ - ▸ - ▹ - ▸ - ▹ - ▸ -

*Ce que les autres pensent de nous, est-ce important ?*

**Je lis**

Karamoko dit : « Savez-vous pourquoi les grands arbres ont pu résister au désert ? Parce qu'un arbre qui a des racines est plus fort que tout. Plus fort que la soif, plus fort que la peur, plus fort que le désert. »

Sophie dit : « Ousmane, tu as de la chance, tu as un grand-père qui raconte des histoires ».

---

**Étude de la langue**

**Je manipule la langue**

un nez → des nez          un prix → des prix          la noix → les noix

**J'étudie le vocabulaire**

charcuterie           épicerie          pâtisserie

charcutier → charcutière          épicier → épicière          pâtissier → pâtissière

---

**Entraînement**

★ **Je lis un texte documentaire**

**Le désert est parfois le plus fort !**

Au Mali, à Arouane, le désert a été plus fort que les grands arbres.

En Chine, dans le Gansu, le désert avance, les paysans qui habitent là sont parfois obligés de partir. La terre est aride, il y a peu d'eau pour cultiver.

**Comptine**

Anne, ma sœur Anne,
ne vois-tu rien venir ?
Si, je vois une cane,
ses canetons et son canard
sur leur nid de nénuphars.
Ils se dandinent, ils se pavanent,
ils marmonnent, ils cancanent
à n'en plus finir.

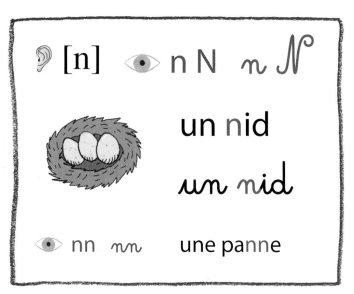

[n] n N n N

un nid

un nid

nn nn une panne

## Je relis

[n] Ousmane
une racine – une paysanne
nager

[n] la chance – il raconte

## Je lis des syllabes

**na** → une **na**ppe    **ni** → il est pu**ni**    **nu** → un **nu**méro    **nou** → **nou**s

**no** → un pia**no**    **ne** → un ca**ne**ton    **né** → il est **né**    **ner** → tour**ner**

**nez** → vous te**nez**    **nir** → pu**nir**    **nar** → un ca**nar**d

## Je m'entraîne

na – dez – nul – nou – né – cho – nir – nal – chau – dé – nu – nar – ni

## Je déchiffre

un menu – un âne – une année – un animal – une panne – un nez
un anneau – une épine – une niche – une lapine – la lune – un tonneau
tenir – réunir – ruminer – vous amenez

# Lire pour se documenter

## L'identité

### Chaque enfant a une identité.

*Quel est ton prénom ? Quel est ton nom ?*
*Connais-tu ta date de naissance ?*

*Bonjour, je suis Manon Fort.*

*Je m'appelle Adama Petit.*
*Je suis né le 18 août 2002.*

Tous les 18 août, c'est l'anniversaire de Adama.

### La carte d'identité de Adama

son nom

ses deux prénoms

sa photo

sa nationalité

sa date de naissance

son lieu de naissance

*As-tu une carte d'identité ? Un passeport ?*
*Quand utilise-t-on un passeport ?*

# L'arbre généalogique

## Manon a fait son arbre généalogique

Louis
son grand-père
paternel

Marie
sa grand-mère
paternelle

Charles
son grand-père
maternel

Léa
sa grand-mère
maternelle

Didier
son papa

Laure
sa maman

Manon

Didier est le père de Manon
et Laure est sa mère.
Marie est la mère de Didier
et la grand-mère de Manon.
Charles est le père de Laure
et le grand-père de Manon.

Manon a aussi une sœur Lou,
des oncles, des tantes et des cousins.
Son papa ou sa maman ont donc
des frères et sœurs.

*Qui est la mère de Laure ?*

89

# Le coin des artistes

## Grigris

Sur son bureau papa
A posé une petite locomotive
Des cailloux de plage
Des duvets d'oiseaux
Une feuille de chêne
Les sourires de maman et de moi
Les grimaces de mes frères
Molière et La Fontaine
et puis aussi mon travail de fête des pères
Que tout le monde trouve affreux
Sauf lui.

Gilles Brulet
*Premiers poèmes pour toute ma vie,*
Milan Jeunesse, 2003

## Questions d'amour

Est-ce que tu m'aimes ?
Demande l'enfant
Tu m'aimes ?
C'est sûr que tu m'aimes ?
Et si je ferais des bêtises
Est-ce que tu m'aimerais encore ?
Et si je serais pas ton enfant
Est-ce que tu m'aimerais toujours ?
Et si je serais pas venu sur terre
Est-ce que tu m'aurais aimé quand même ?
Est-ce que tu m'aimes, dis ?
Est-ce que tu m'aimes ?

François David
*Premiers poèmes pour toute ma vie,*
Milan Jeunesse, 2003

*Que penses-tu des couleurs utilisées par Marc Chagall ?*

*Le quai de Paris* de Marc Chagall

Marc Chagall a peint de nombreux tableaux sur la famille, l'amour et le mariage.

Tout comme Gustave Doré, Marc Chagall a illustré les fables de Jean de la Fontaine.

# Le coin bibliothèque

## Pourquoi je ne suis pas sur la photo ?

Non seulement Titi est le plus petit de la famille, non seulement il s'aperçoit que, dans l'album de photos, il n'est presque jamais là, mais quand il s'en plaint et pleure, tout le monde se moque de lui !

Kidi Bebey, Christian Kingue Epanya, EDICEF, 2000

## J'ai un problème avec ma mère

C'est un problème un peu particulier, dans cette famille vraiment pas comme les autres. Le genre de problème qui fait que les copains sont ravis de venir jouer à la maison… Mais pourquoi leurs parents, eux, font-ils une drôle de tête ?

Babette Cole, Gallimard Jeunesse, 2001

## Un papa sur mesure

Ma maman dépasse les autres mamans à tous points de vue, mais avoir un papa, ce ne serait pas mal non plus. Il faudrait un papa comme ceci et comme cela… Peut-on trouver le papa idéal ?

Davide Cali, Anna Laura Cantone, Sarbacane, 2006

## J'étais comment quand j'étais bébé ?

Petit garçon, babouin, hippopotame…, tous posent cette question, et ressemblent à quelqu'un.
Mais pour la petite grenouille, être confrontée à ses premières photos, c'est un choc !

Jeanne Willis, Tony Ross, trad. Anne de Bouchony,
Gallimard Jeunesse, 2006

# Je révise

**Je lis des mots connus**

un grand-père – une grand-mère – un arbre – un chasseur
une photo – raconter – je viens – vous savez

Mots outils

que
sa
non
moi
vous
rien
pourquoi
parce que

**Je lis des syllabes connues**

di – du – de – dou – dir – dur – dra – dru
ro – mo – to – dro – lau – pau – leau – reau – teau – deau
cha – cho – chi – chu – chou – char – chau
mé – dé – ché – dré – rer – tez – rez – pez – dez – mez
na – nou – ne – nal – nar – né – nau – nez – no

**Je déchiffre**

trop – madame – la date – une maladie – un drapeau – une hache – un pot
un matelot – un troupeau – une auto – un artichaut – un âne – un menu
un domino – une ruche – une niche – un tonneau – une allée – la lune
promener – limiter – mener – rôder – apporter – réunir
vous parlez – vous amenez – vous hachez – il a répété – il a préparé

**Je lis de nouvelles phrases**

Les chameaux sont des animaux qui ont de la chance : ils n'ont pas soif !
C'est pourquoi ils sont les amis des nomades qui habitent dans le désert.

**★ Je lis le résumé de l'histoire**

Ousmane fait un arbre généalogique. C'est un arbre où il y a les photos
des grands-pères et des grands-mères. Mais Ousmane a peur que les autres
se moquent de lui parce qu'il a un grand-père qui s'appelle Karamoko.
Un jour, Karamoko arrive dans la classe avec son tam-tam et son boubou.
Il vient raconter une histoire de grands arbres qui ont été plus forts que le désert
parce qu'ils avaient de solides racines.
Ousmane sait qu'il a aussi des racines.

Hélène Kérillis

habite dans l'ouest de la France entre mer et pins. Elle aime les histoires où l'on s'embarque pour de courtes ou grandes traversées, comme sur l'océan. Elle a une passion également pour la peinture.

**Elle a écrit aussi :**
*Petite musique des contes*, Vilo Jeunesse, 2008.
*Si j'étais… écuyère au cirque Boltano*, l'Élan vert, 2008.

Florence Kœning

est née à Paris en 1948. Elle a étudié les arts décoratifs. Elle partage son temps entre l'illustration et l'enseignement du graphisme.

**Elle a illustré aussi :**
*…Et me voilà !* L'Élan vert, 2007.
*Une abeille dans le vent*, Autrement Jeunesse, 2008.

Tout l'après-midi, Anaya joue avec son ami de la forêt, l'oiseau Juruva. Maintenant que le soir descend, Juruva s'envole vers son nid. Mais Anaya a trouvé un moyen de le garder près d'elle : un jouet qu'elle s'est fabriqué avec un bout de bois et deux plumes colorées.
C'est un petit morceau de ciel qui chante dans sa tête.

Quand elle rentre à la maison, sa mère lui dit :
– Anaya, va chercher une braise chez la voisine ; le feu s'est éteint !

Anaya se rend chez la voisine. La famille est réunie autour du foyer et la mère fouille les cendres froides.
– Malheur, gémit-elle. Il n'y a plus de feu !
Inquiets, les enfants se serrent contre elle.
– Maman, j'ai faim ! murmurent-ils.

Anaya entend un tumulte de pas précipités.
Des enfants courent d'une case à l'autre tandis que les mères crient :
– Va chercher une braise chez la voisine, le feu s'est éteint !
– Plus de feu ! Plus de feu ! crient les enfants en retour.
C'est la panique dans tout le village.

Compréhension

*Anaya a un jouet : qu'a-t-il de particulier ?*
*Pourquoi la mère d'Anaya l'envoie-t-elle chercher*
*une braise chez la voisine ?*
*Pourquoi est-ce la panique dans le village ?*

Expression orale

*Quand avez-vous eu l'occasion de voir un feu ?*
*Aimez-vous regarder les flammes ?*

**Comptine**

Il fait sombre.
On devine une ombre
qui passe sur le pont.
Un long manteau marron,
une barbe au menton...
qui est-ce donc ?
Un vagabond ?
Non, c'est tonton Léon !

[ɔ̃]   on On   on On

un pont

un pont

om   om   tromper

tromper

## Je relis

[ɔ̃]   un caneton  –  un cochon
       raconter  –  ils ont peur

## Je lis des syllabes

**lon** → un me**lon**     **mon** → une **mon**tre     **ton** → un mou**ton**     **pon** → ré**pon**dre

**ron** → une **ron**de     **don** → un édre**don**     **non** → Ma**non**     **chon** → un co**chon**

**pom** → un **pom**pon     **rom** → **rom**pre     **nom** → un pré**nom**     **trom** → une **trom**pe

## Je m'entraîne

ton – don – lon – rom – chon – ron – tron – pon – mon – tom – non

## Je déchiffre

mon – ton
un raton – un marron – un napperon – un lion – le monde – un héron
tondre – pondre
monter – démonter – remonter
nous parlons – nous marchons – nous remuons – ils parleront – ils marcheront

On court, on crie, on pleure,
bouleversé par la terrible, l'incroyable nouvelle :
le feu est mort !
On finit par se réfugier dans la case commune.
Les yeux grands ouverts dans le noir, les enfants se blottissent
contre leur mère. Autour d'eux, les ombres de la nuit
s'allongent comme des géants prêts à tout engloutir.

Anaya sent les doigts de la peur lui écraser la poitrine.
Tremblante, elle serre contre elle son ami Juruva.
Elle écoute les parents murmurer :
– Qu'allons-nous devenir ?
– Sans le feu, les hommes ne sont plus des hommes…
– Ils ne sont que bêtes sauvages !
– Comment retrouver le feu ?

Au lever du jour, Anaya ouvre les yeux.
– Trois hommes sont partis à la rencontre des esprits de la
Forêt, lui annonce sa mère. Pourvu qu'ils rapportent le feu…

Le premier homme de la tribu remonte le fleuve en pirogue.
Il pagaie, pagaie… jusqu'à ce qu'il rencontre l'esprit de l'Eau,
l'Alligator.
– Les hommes ont perdu le feu. Par pitié, aide-nous à le
retrouver !
L'Alligator frappe l'eau du fleuve de sa queue.
– Je ne veux rien savoir de l'homme, il ne respecte pas
le fleuve ! répond-il. Je ne quitterai pas le lit de la rivière pour
aller chercher le feu. Et puis, on ne le trouve pas dans l'eau.

## Compréhension

*Pourquoi, sans le feu, les hommes ne sont-ils plus que
des bêtes sauvages ?
Pourquoi trois hommes partent-ils du village ?
Pourquoi l'alligator refuse-t-il d'aider les hommes ?*

## Expression orale

*Est-ce que vous connaissez des situations où la nature n'est
pas respectée ? Que se passe-t-il alors pour les animaux ?*

**Je lis**

On crie, on pleure, on a peur : le feu est mort !
Anaya a peur elle aussi et elle serre son ami Juruva.
Des hommes partent chercher le feu.
Le premier homme rencontre l'esprit de l'Eau, l'Alligator.
« Les hommes ont perdu le feu. Par pitié, aide-nous ! »
L'Alligator dit : « Je ne veux rien savoir de l'homme,
il ne respecte pas le fleuve ! »

Mots outils

elle
**aussi**
**je**

---

**Étude de la langue**

**Je manipule la langue**

**Un homme** part. → **Il** part.          **Anaya** crie ! → **Elle** crie !

**J'étudie le vocabulaire**

     un lion → une lionne               un loup → une louve

     un éléphant → une éléphante               un tigre → une tigresse

---

**Entraînement**

★**Je lis un texte documentaire**

**L'alligator de Chine**

L'alligator de Chine chasse beaucoup la nuit.
Il se nourrit de moules, de poissons... Il mange aussi
des petits animaux comme les rats.
Il vit dans l'eau douce des rivières et des étangs...
Il n'y a plus que 150 alligators de Chine dans la nature.
C'est un animal en danger.

Épisode 2

## Comptine

Abélard fait beaucoup de bêtises :
il boit l'eau de la baignoire,
lance sa balle sur le pare-brise,
plante une banane dans le bougeoir,
distribue des bonbons aux belettes,
se bagarre avec la biquette
et se baigne dans l'abreuvoir.
Bon sang, Abélard,
quel bazar !

[b] ◉ b B *b B*

une banane
*une banane*

## Je relis

[b]    bien  –  une braise  –  habiter

[b]    du plomb

## Je lis des syllabes

**ba** → un **ba**llon          **bi** → une **bi**che          **bo** → un ro**bo**t
**bu** → un **bu**reau          **be** → un bi**be**ron          **beau** → la **beau**té
**bé** → un **bé**bé          **bon** → un **bon**bon          **bra** → un **bra**s
**bru** → elle est **bru**ne          **bli** → un ou**bli**          **blé** → du **blé**

## Je m'entraîne

bi – bar – lon – bri – bu – ron – brou – tron – pon – bon – bron – ba

## Je déchiffre

un barreau – une balle – une brebis – un habit – une bouche – un hibou
une boule – un boa – une brûlure – une table – un arbre – une bulle
il est beau – il habite – tomber – il est tombé – vous tombez

 Le deuxième homme s'enfonce dans la forêt.
Il marche, marche… Jusqu'à ce qu'il rencontre l'esprit
de la Terre, le Jaguar.
– Les hommes ont perdu le feu. Par pitié, aide-nous
à le retrouver !
Le Jaguar pousse un rugissement féroce.
– Je ne veux rien savoir de l'homme, il ne respecte pas
la Terre ! répond-il. Je ne quitterai pas mon territoire
pour aller chercher le feu.

Le troisième homme cherche un arbre isolé. Il monte,
monte… jusqu'à ce qu'il rencontre l'esprit de l'Arbre,
le Singe.
– Les hommes ont perdu le feu. Par pitié, aide-nous
à le retrouver !
Le Singe grimace en sautillant.
– Je ne veux rien savoir de l'homme, il ne respecte pas
les arbres ! répond-il. Je n'abandonnerai pas mes petits
pour aller chercher le feu.

Les trois hommes rentrent bredouilles. Un silence de mort
s'abat sur la tribu. Sans le feu, impossible de se chauffer.
Impossible de s'éclairer la nuit. Sans le feu, il faudra manger
cru. Sans le feu, le monde entier vacille comme un homme
qui s'étouffe.

Alors, sans rien dire à personne, Anaya s'enfuit dans la forêt.
Elle n'a qu'une idée en tête : aller trouver Juruva.
– Lui nous aidera, se dit-elle. Lui saura ce qu'il faut faire !

- - **Compréhension** - - - - - - - - - - - - - - - - - - - - -

*Comment le Jaguar répond-il à la prière des hommes ?*
*Et le Singe ? Pourquoi réagissent-ils ainsi ?*
*Pourquoi Anaya va-t-elle à la recherche de Juruva ?*

- - - **Expression orale** - - - - - - - - - - - - - - - - -

*Que faudrait-il faire pour respecter l'eau, la terre*
*et les arbres ?*

106

**Je lis**

Le deuxième homme rencontre l'esprit de la Terre,
le Jaguar.

« Les hommes ont perdu le feu. Par pitié, aide-nous ! »

Le Jaguar dit : « Je ne veux rien savoir de l'homme,
il ne respecte pas la Terre ! »

Le troisième homme rencontre l'esprit de l'Arbre, le Singe.

« Les hommes ont perdu le feu. Par pitié, aide-nous ! »

Le Singe dit : « Je ne veux rien savoir de l'homme,
il ne respecte pas les arbres ! »

Anaya a une idée, elle va chercher Juruva.

Mots outils

elle
aussi
je

· · - ☐ Étude de la langue ☐ · · · · · · · · · · · · · · · · · · · · · · · · · · · · · · · ·

**Je manipule la langue**

**Un homme** part. ➔ **Il** part.　　　　**Des hommes** partent. ➔ **Ils** partent.

　　**Anaya** crie ! ➔ **Elle** crie !　　　**Anaya et sa mère** crient ! ➔ **Elles** crient !

**J'étudie le vocabulaire**

~~une~~　　　**un** alligator, **un** singe, **un** oiseau, **un** jaguar

· · - ☐ Entraînement ☐ · · · · · · · · · · · · · · · · · · · · · · · · · · · · · · · · · · · · · · · ·

★ **Je lis une charade**

**Mon premier** est un petit animal qui fait miaou.

**Mon deuxième** est le contraire de tard.

Autrefois, les rois habitaient dans **mon tout**.

miaou

**Comptine**

Attention Mesdames et Messieurs
le spectacle va commencer !
Sur la scène vous verrez
la sirène sciée en deux,
le pinson changé en poisson,
le feu sortant d'un glaçon,
les puces savantes,
les tasses volantes,
les serpents dressés.
C'est parti, applaudissez !

[s]   ◉ s S s ℒ   ◉ c C c 𝒞

une salade          un pouce
*une salade*        *un pouce*

◉ ss  *ss*    une tasse      *une tasse*
◉ ç  *ç*      une leçon      *une leçon*
◉ sc  *sc*    une scie       *une scie*
◉ t  *t*      la récitation  *la récitation*

**Je relis**

[s]   parce que – l'esprit – le singe – la soif
      savoir – il respecte

[s]   les arbres – grise – école

**Je lis des syllabes**

sa → le **sa**ble        si → **si**rop        son → un our**son**        sou → une **sou**pe

so → c'est **so**lide    sau → **sau**ter      sé → **sé**cher            sor → **sor**tir

ce → il pla**ce**ra      ci → un **ci**tron    cé → **cé**der             ceau → un souri**ceau**

as → **as**pirer         lis → une **lis**te   pos → la **pos**te         pis → une **pis**te

**Je m'entraîne**

sur – ba – ça – sou – bu – sor – pon – ci – ton – son – bon – ce – sa – seau

**Je déchiffre**

sur – selon – ceci – cela – sous – dessous – dessus – aussi – hélas
un sourire – un os – le cinéma – une limace – un maçon – une addition
placer – déplacer – replacer – passer – il passera – vous passez

Anaya court d'un arbre à l'autre. Elle appelle, appelle… jusqu'à ce que Juruva vienne se poser sur son épaule.
– On a perdu le feu, sanglote Anaya.
Juruva frotte sa tête contre la joue d'Anaya.
– Tu es mon amie, répond-il. Un jour, tu as sauvé un de mes petits tombé du nid. Je n'ai pas oublié.
– Je t'en supplie, aide-nous !
– Pour toi, j'irai chercher le feu ! assure Juruva.
Rentre au village et attends-moi !

L'oiseau s'envole.
Anaya suit des yeux son ami, aussi loin qu'elle peut le voir et même après qu'il s'est fondu dans le bleu du ciel.

Toute la journée, Juruva vole au-dessus d'un océan de verdure. La cime ronde des arbres s'étend à perte de vue. Pas la moindre fumée. Pas une étincelle.

C'est alors qu'un orage éclate. Le vent tord les arbres, les nuages s'entrechoquent, un éclair fend le ciel, la foudre vient mordre la terre. Aussitôt, un point rougeoie sur le sol : le feu ! Juruva plonge et cueille une braise avec son bec.

Mais à peine l'oiseau s'est-il envolé que la braise lui brûle horriblement le bec. La souffrance est trop forte.

**Compréhension**

*Pourquoi l'oiseau vient-il en aide à Anaya ?*
*Comment trouve-t-il une solution ?*
*Est-ce facile ? Pourquoi ?*

**Expression orale**

*Avez-vous déjà vu un orage ? Que se passe-t-il alors ?*

**Je lis**

Anaya court d'un arbre à l'autre. Elle appelle
son ami Juruva qui se pose sur son épaule.
« On a perdu le feu », dit Anaya.
Juruva répond :
« Tu es mon amie. Pour toi, j'irai chercher le feu ! »
Juruva vole au-dessus des arbres.
Tout à coup, un orage éclate. Aussitôt, un point rouge apparaît
sur le sol : c'est le feu ! Juruva plonge et attrape une braise
avec son bec.

Mots outils

elle
aussi
je
**toi**
**tout à coup**

**Étude de la langue**

**Je manipule la langue**

**Le jaguar** parle à l'homme.

**Il** parle à l'homme.

**Anaya** appelle son ami.

**Elle** appelle son ami.

**Juruva** attrape une braise.

**Il** attrape une braise.

**J'étudie le vocabulaire**

~~un~~

~~une~~

 une panthère

un perroquet

 une gazelle

un crocodile

**Entraînement**

★**Je lis un texte documentaire**

**Les panneaux de signalisation de la route**

Les **interdictions** sont représentées par un **rond rouge** ●.

Les **dangers** sont représentés par un **triangle rouge** ▲.

Les **obligations** sont représentées par un **rond bleu** ●.

ALLUMEZ VOS FEUX

**Comptine**

Maman, maman,
mon pantalon est à l'envers !
Maman, maman,
la pendule a changé de sens !
Maman, maman,
j'ai vu danser la lampe en verre !
Maman, maman,
c'est décembre et l'été commence !

C'était une plaisanterie !
Je m'ennuie.

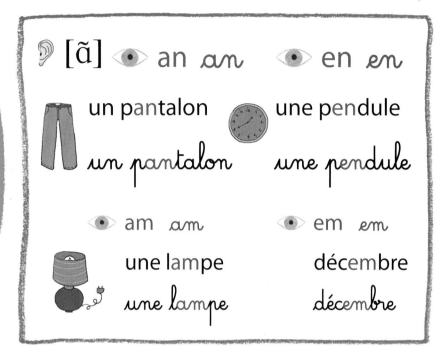

[ã]  ● an  *an*   ● en  *en*

un pantalon   une pendule
*un pantalon*   *une pendule*

● am  *am*   ● em  *em*

une lampe   décembre
*une lampe*   *décembre*

## Je relis

[ã]   grand – un paysan – un enfant – vendredi – rencontrer – présenter
[ã]   Anaya – ami

## Je lis des syllabes

| | | | |
|---|---|---|---|
| **san** → le **san**g | **man** → ma**man** | **dan** → **dan**ser | **blan** → **blan**c |
| **len** → il est **len**t | **men** → **men**tir | **cen** → le **cen**tre | **pren** → **pren**dre |
| **cham** → une **cham**bre | **ram** → une **ram**pe | **rem** → **rem**porter | **trem** → **trem**per |

## Je m'entraîne

sou – ban – ten – san – bam – sar – ran – ci – tem – len – ban – ce – rem

## Je déchiffre

sans – dedans – méchant

un bambou – les parents – un tambour – une plante – une danse

un champ – la menthe – une pente – une branche – une chanson

en chantant – en dansant – en lançant – en parlant

Alors Juruva plonge à nouveau vers la terre, se pose et lâche la pépite de feu.
Comment la rapporter à son amie Anaya ?

Obstiné, l'oiseau tourne et retourne la braise. Il doit trouver un moyen ! Il ne veut pas décevoir Anaya !

La nuit tombe. Dans la case commune, la tribu lutte contre l'assaut des ombres. Anaya, elle, guette inlassablement l'horizon. Soudain, une étoile rouge traverse le ciel.
– C'est Juruva ! C'est Juruva ! s'écrie Anaya.
Elle fait de grands signes avec les bras et l'oiseau vient se poser près d'elle. Tout le monde s'est approché. Les visages se tendent vers le trésor qui luit doucement dans le noir.
– Le feu ! Le feu ! murmurent mille voix.
Pour le rapporter, Juruva a coincé la braise entre les deux longues plumes de sa queue. Il la dépose sur un tas de brindilles. La flamme jaillit. Le cœur du feu bat de nouveau.

Toute la nuit, la tribu rassemblée chante autour de la fleur rouge du feu. Le monde respire à nouveau.

En souriant, Anaya tient Juruva dans ses bras.
Désormais, sur les plumes de leur queue, les descendants de l'oiseau de feu porteront la trace de son exploit.
Désormais, Juruva sera l'Oiseau sacré.

**Compréhension**

*Pourquoi Juruva est-il devenu un oiseau sacré pour les hommes ?*
*Comment son aspect a-t-il changé ?*

**Expression orale**

*Quels sont les exploits que vous admirez ?*
*Quelles qualités faut-il pour réaliser de tels exploits ?*

**Je lis**

Juruva plonge à nouveau vers la terre, se pose et lâche la braise.
Les amis d'Anaya ont peur, la nuit tombe.
Anaya surveille le ciel. Tout à coup elle crie :
« C'est Juruva ! C'est Juruva ! »
Pour rapporter le feu, l'oiseau a mis la braise entre deux plumes de sa queue.
Il la dépose sur un tas de brindilles. Le feu est là !
Désormais, Juruva sera l'Oiseau sacré.

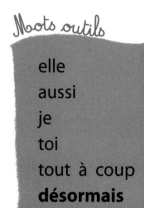

Mots outils

elle
aussi
je
toi
tout à coup
**désormais**

### Étude de la langue

**Je manipule la langue**

**Le singe et le jaguar** respectent la Terre. ➜ **Ils** respectent la Terre.

**Anaya et sa mère** attendent Juruva. ➜ **Elles** attendent Juruva.

**Anaya et l'oiseau** courent dans les arbres. ➜ **Ils** courent dans les arbres.

**J'étudie le vocabulaire**

malin comme un singe    doux comme un agneau    rapide comme un jaguar

### Entraînement

★ **Je lis un texte documentaire**

Les aras sont de beaux oiseaux avec des plumes
aux couleurs vives. Ils vivent en Amérique du Sud.
Ils sont capables d'imiter les sons et de parler, c'est pourquoi
les hommes les apprécient. Comme d'autres animaux,
ils disparaissent peu à peu de la nature.

## Comptine

La vache de Monsieur Boivin
a sauté par-dessus le ravin
pour aller chez le voisin
voir passer les trains.
Elle a compté vingt wagons
et ravie de son excursion
est revenue à la maison
vers son vert gazon.

[v]   v V   𝓋 𝒱
une vache
*une vache*

w W   𝓌 𝒲
un wagon   *un wagon*

**Je relis**

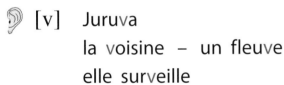 [v]   Juru**v**a
la **v**oisine – un fleu**v**e
elle sur**v**eille

**Je lis des syllabes**

**va** → **a**valer       **vi** → **vi**te       **vo** → bra**vo**       **ve** → une a**ve**nue
**vé** → un pa**vé**       **van** → a**van**t       **vou** → **vou**s       **von** → nous a**von**s
**veau** → nou**veau**     **ver** → trou**ver**     **vré** → il est na**vré**   **val** → un che**val**

**Je m'entraîne**

vou – ve – var – san – vou – sen – vez – so – vu – vau – ban – ven – von

**Je déchiffre**

avant – auparavant – souvent
une vitre – un niveau – une valse – un vélo – un livre – un navire – un veau
laver – il lave – nous lavons – vous lavez – il a lavé – il lavera
arriver – il arrive – nous arrivons – vous arrivez – il est arrivé – il arrivera

# Le développement durable

## Le rôle de l'homme

Pour nourrir son petit
et se nourrir, l'ours blanc
chasse sur la banquise.
Mais la banquise fond à cause
de l'activité de l'homme
et l'ours est affamé.

1 Ours blanc et son ourson au Canada

2 Champs cultivés en France

L'homme a totalement
modifié les milieux
naturels de la planète.
La nature sauvage
n'existe presque plus.
Il y a des espèces
qui disparaissent.

*D'après toi, pourquoi l'homme cultive-t-il autant de champs ?*

## L'eau est précieuse

Dans le monde, une personne sur cinq n'a pas accès à l'eau potable.

*Que doivent faire ces habitants pour avoir de l'eau potable ?*

3 Puits à Fatehpur Sikri en Inde

4 Bateau échoué en mer d'Aral

Les cultures de coton et de riz ont besoin de beaucoup d'eau : il a fallu détourner les fleuves qui se jetaient dans la mer d'Aral. Elle a été vidée d'une grande partie de son eau. Les poissons ne peuvent plus y vivre normalement.

*Si ce bateau ne peut plus naviguer, quelles sont les conséquences pour les habitants ?*

## Je découvre des poèmes

### L'escargot

Est-ce que le temps est beau ?
Se demandait l'escargot
Car, pour moi, s'il faisait beau
C'est qu'il ferait vilain temps.
J'aime qu'il tombe de l'eau,
Voilà mon tempérament.

Combien de gens, et sans coquille,
N'aiment pas que le soleil brille.
Il est caché ? Il reviendra !
L'escargot ? On le mangera.

Robert DESNOS
*Poèmes de Robert Desnos*
Éditions Gründ

### Le prunier

Dans la cour il y a un prunier
Il est si petit qu'on n'y croit guère
Il a tout autour une grille
Pour ne pas qu'on le piétine.

Le petit prunier ne peut pas grandir.
Il aimerait pourtant.
Mais pas question
Il a trop peu de soleil.

Le prunier on ne le croit guère
Parce qu'il n'a jamais de prunes.
C'est pourtant un prunier
Ça se voit à ses feuilles.

Bertolt Brecht
*Les arbres et leurs poètes*, poèmes choisis par
Jean-Hugues Malineau, Actes Sud junior, 2002

## Je découvre une œuvre

*Quelles formes Gustav Klimt a-t-il utilisées pour représenter les branches ?*
*Quelles autres formes retrouves-tu dans ce tableau ?*

*L'arbre de vie* de Gustav Klimt

À partir de 1908, Gustav Klimt a surtout peint des paysages : *Sous bois* (1903), *Fleurs dans un jardin* (1905)…

Pour découvrir les œuvres de Gustav Klimt, tu peux lire : *Le chat de Gustav Klimt.*

## Le doudou des camions-poubelles

« Quand j'étais le doudou de Lucie, on s'arrêtait toujours pour regarder passer les camions-poubelles. »
Lucie a grandi, elle a jeté le doudou tout rapiécé.
Celui-ci, un joli petit singe en peluche, part avec les éboueurs pour un grand voyage.

Ati, éditions Thierry Magnier, 2006

## L'arbre généreux

« Il était une fois un arbre qui aimait un petit garçon… »
Grâce à cette amitié, tous deux sont heureux.
Mais le garçon grandit. Qu'adviendra-t-il de cette amitié ?

Shel Silverstein, L'école des loisirs, 1982

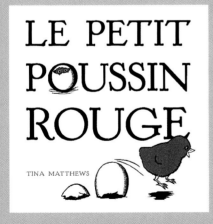

## Le petit poussin rouge

La petite poule rouge trouve une graine verte et la plante. Ni le chat, ni le rat, ni le cochon n'apportent leur aide quand il s'agit de la planter, de l'arroser, ou d'arracher les mauvaises herbes. Que va-t-elle faire ?

Tina Matthews, Trad. Catherine Bonhomme, Circonflexe, 2007

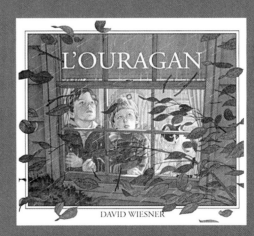

## L'ouragan

On annonce un ouragan : inquiétude, précautions, plus d'électricité… Au matin, l'un des deux grands ormes est tombé, et il devient le terrain d'aventures des deux garçons. Du moins pour un temps…

David Wiesner, Trad. Catherine Bonhomme, Circonflexe, 2007

**Je lis des mots connus**

une voisine – le feu – un fleuve – un alligator – un singe
un jaguar – un oiseau – chercher – crier – plonger

*Mots outils*

elle
aussi
je
toi
tout à coup
désormais

**Je lis des syllabes connues**

lon – mon – ron – ton – pon – don – chon – dron – pom – tom
be – bu – bo – bé – beau – bez – bla – blou – bro – bre
sa – si – son – sou – sau – seau – cé – cez – ceau – ça
len – pen – sen – ran – man – dan – tem – rem – lam – cham
vi – ve – vou – von – vé – veau – vez – vri – vra – vré

**Je déchiffre**

sur – selon – devant – sans – dessus – hélas
un lion – un hibou – un cheval – une branche – le sable – un seau – un os
un sourire – une addition – les parents – un cinéma – un ventre – un soda
une limace – une balle – un maçon – une chambre – une banane
placer – repasser – avaler – sauter – vous arrivez – nous marchons – en dansant

**Je lis de nouvelles phrases**

Dans le monde, des animaux sont menacés parce que l'activité de l'homme
a perturbé le milieu naturel. Il y a, entre autres, le grand panda.
En Chine, les paysans coupent les arbres, mais aussi les bambous. Or, sans les bambous,
les pandas ne peuvent pas se nourrir.

★**Je lis le résumé de l'histoire**

Dans le village d'Anaya, il n'y a plus de feu. Les hommes décident de partir à sa
recherche. Ils rencontrent l'esprit de l'Eau, l'Alligator ; l'esprit de la Terre, le Jaguar
et l'esprit de l'Arbre, le Singe. Ils ne veulent pas aider les hommes qui ne
respectent pas la nature. Anaya demande alors à Juruva de les aider. Tout à
coup, un orage éclate. Juruva attrape une braise qui est au sol et la rapporte à
son amie. Le feu est de nouveau là. Juruva est désormais l'Oiseau sacré.

# Mijade

## L'horloge de Grand-mère
Stephen Lambert
et Geraldine McCaughrean

Chez Grand-mère, il y a une grande horloge dans l'entrée, mais elle ne marche pas. Personne ne songe à la réparer car Grand-mère a bien d'autres horloges : son cœur compte les secondes, l'ombre du magnolia les heures, la course de la lune, les mois… La tête de sa petite fille qui se rapproche de la sienne, les rides qui s'ajoutent au coin de ses yeux lui disent les ans qui passent.

9782871423713 • 11,50 €

Disponible en poche 5,20 €

## Patou la futée
Lieve Baeten

Un jour, Patou trouve une valise posée devant sa porte. Elle ne le sait pas encore, mais c'est une valise magique : l'école de sorcellerie s'en sert pour recruter ses élèves. Il faut être particulièrement douée pour ouvrir la valise et lire l'invitation qui se trouve à l'intérieur ! Patou sera-t-elle la plus jeune élève de l'école de sorcellerie ?

9782871423843 • 11,50 €

Disponible en poche 5,20 €

## Notre Jean
Emma de Woot
et Véronique Van den Abeele

Au beau milieu d'un pré, un œuf attend d'éclore. La poule, le canard, le héron, le rossignol, l'autruche, le colibri, l'albatros, tous veulent croire qu'un petit de leur espèce va briser la coquille. Chacun rêve d'élever l'oisillon et de lui transmettre son savoir : pondre ou chanter, pêcher ou butiner… Qu'arrivera-t-il quand l'oisillon naîtra ? Si c'est un oisillon, bien sûr…

9782871426066 • 11 €

**MIJADE** • rue de l'Ouvrage 18 • B 5000 Namur • Tél. : +32 81 26 22 97 • Fax : +32 81 23 18 98 • www.mijade.be

# Des albums pour lire, grandir, découvrir

## *J'irai pas à l'école*
Tony et Zoé Ross

Bon, moi je veux pas aller à l'école, j'y connaîtrai personne, la maîtresse va me mordre, j'aimerai pas la cantine… Mais Maman m'a dit que l'école, c'était chouette, et elle avait raison. La cantine était bonne, je n'étais pas la plus petite de la classe, et je me suis même fait une copine. Finalement, je suis contente d'y être allée, à l'école.

9782871426462 • 11 €

Disponible en poche 5,20 €

## *Le crabe aux pinces noires*
Michaël Derullieux et Claire Bouiller

Sur une côte de Bretagne, un pétrolier a fait naufrage. Les plumes salies par le mazout, une mouette en difficulté atterrit sur un rocher où se tient un petit crabe. Que faire pour sauver l'oiseau ? Le crabe a entendu dire que les hommes pouvaient soigner les animaux touchés par la marée noire. Justement, il a aperçu deux petits garçons sur la plage.

9782871423331 • 11 €

## *Comme tous les oiseaux*
Emma de Woot et Christian Merveille

Bel-Oiseau a quitté son nid, qu'il trouve trop petit, pour vivre sa vie. Mais qu'est-ce qu'une vie d'oiseau ? Au fur et à mesure des rencontres, il essaie de vivre comme une souris, comme un canard puis comme un chien. Ce n'est qu'en présence du danger que Bel-Oiseau découvre qu'il a des ailes et que sa vie est là-haut, comme celle de tous les oiseaux !

9782871426356 • 11 €

iffusion/Distr. : SODIS/SOFEDIS (France) • SDLC (Belgique) • GALLIMARD Export (Suisse) • PROLOGUE (Canada)

# Les livres de Danièle

## Juliette la pipelette

Père Castor-Flammarion, 2000

Pas facile de garder un secret : on risque d'y perdre une amie.

## Jules le vampire

Père Castor-Flammarion, 2001

Qui se cache dans le château que la famille a loué pour y faire une fête ?

## Je ne veux pas aller au tableau !

Nathan Jeunesse (prix Sorcières), 2005

Erwan ne se souvient pas de ses leçons quand il va au tableau tellement le stress est grand…

## Je me marierai avec la maîtresse

Nathan Jeunesse, 2006

Qui n'a jamais rêvé d'épouser sa maîtresse ?

## Le Noël du Père Noël

Castor poche-Flammarion, 1994 ; paru également dans un ouvrage collectif : *Michka et 5 histoires de Noël*, Père Castor-Flammarion, 2001

Quand un papa est triste, seul le Père Noël peut faire quelque chose, et tans pis si on n'est pas en décembre.

## L'arbre à Grands-Pères

Père Castor-Flammarion (adapté pour France 3 et Canal J) ; paru également dans un ouvrage collectif : *100 merveilleuses histoires du Père Castor*, Père Castor-Flammarion, 2000

Comment assumer son histoire de famille quand elle est différente.

## Le monstre que personne n'a vu

Castor poche-Flammarion (adapté pour France 3 et Canal J), 2003

Le bouche à oreille rend les monstres de plus en plus… monstrueux !

## Le papa qui n'avait pas le temps

Gautier-Languereau, 2007

Un petit garçon invite son papa trop occupé à le rejoindre sur la planète des Modoux.

# Fossette

## La cité des oiseaux

Gautier-Languereau, 2004

Qu'est-ce qui pourrait rendre
la cité plus heureuse,
si ce n'est la musique.

## Même pas peur de l'école !

Nathan Jeunesse, 2006

Pas facile de changer d'école,
mais Thibaut n'a « même pas peur ».

## Le gâteau de Madame Lapoule : Mayotte

L'Harmattan, 2006

Une poule en a assez qu'on lui prenne
ses œufs et décide de faire des gâteaux
elle-même… Quelques épreuves l'attendent…

## Quand je serai grand

Gautier-Languereau, 2006

Plus tard, je serai prince
charmant, explorateur,
gagnant de tombola…

## Trois enfants et une baleine à Mayotte

L'Harmattan, 2006

L'aventure de trois enfants
qui rêvent de rencontrer une baleine
à Mayotte.

## Plus mieux et plus pire !

Père Castor-Flammarion, 2003

Le mieux est de prendre un bain,
le plus mieux est de vider la bouteille
de bain moussant dans la baignoire…

# Grandir avec bilbOquet

Des **albums** pour devenir grand, petit à petit, au fil des découvertes de la vie

Deux approches différentes du **monde de l'art** pour aiguiser la curiosité du regard

**Des contes à découvrir ou à redécouvrir grâce au talent des pinceaux contemporains**

LE SOURIRE DE LA BALEINE
d'après Rudyard Kipling
Lise Mélinand
bilboquet

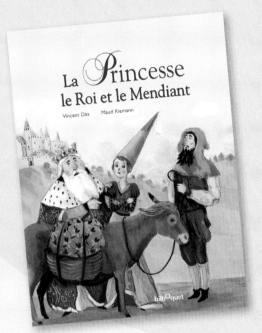

La Princesse
le Roi et le Mendiant
Vincent Dès    Maud Riemann
bilboquet

Nanuq
LES MILLE VIES
d'un Inuit
Marie-Florence Ehret
Antoine Guilloppé
bilboquet

C BATTUT

des formes

FRANCE ALESSI    ÉRIC BATTUT
Un pont
bilboquet

FRANCE ALESSI    ÉRIC BATTUT
Une fleur, un caillou
bilboquet

# Le  bibliobus

## Quatre œuvres intégrales de littérature de jeunesse dans un seul volume

## Références iconographiques

**p. 10** calendrier aimablement communiqué par les éditions Oberthur.

**p. 11** © M. C. – J. G. Baillet.

**p. 30** *Les trois petits cochons*, Joseph Jacobs, Éric Puybaret, © Magnard Jeunesse, 2004 ; *Loup Gris*, Jean-Marie Robillard, Sébastien Mourrain, Milan Jeunesse, 2007 ; *Le petit chaperon rouge*, Christian Guibbaud, Milan Jeunesse, 2007 ; *Les trois petits loups et le grand méchant cochon*, Eugène Trivizas, Hélen Oxenbury, Bayard Jeunesse, 2001.

**p. 36** © Unicef/Arrivé (l'éducation fait partie des priorités de l'Unicef) ;1 © Pierre Bessard/Réa ; 2 © John Harris/ Report Digital/ Réa ; 3 ©Tom Wagner/Réa ; 4 ©Pierre Gleizel/Réa.

**p. 37** © Musée national de l'Éducation, I.N.R.P, Rouen.

**p. 38** *L'information scolaire* © Robert Doisneau/Rapho

**p. 52** de gauche à droite, © J. Harris/Report/Digital/Réa ; © Michel Gaillard/Réa.

**p. 56** de gauche à droite, *Le loup conteur*, Becky Bloom et Pascal Biet, Mijade, 2004 ; *Les trois petits cochons*, Jordi Busquets, Cerise Bleue, 2007 ; *Le petit chaperon rouge*, Pascal Vilcollet d'après Grimm, Hachette Jeunesse, 2007 ; *Le vilain petit canard*, Hans Christian Andersen, illus. Henri Galeron, coll. Folio Benjamin, Gallimard Jeunesse, 2007.

**p. 62** de gauche à droite et de haut en bas, © Alfredo Caliz/Panos/Réa ; © Hervé Vincent/Avecc/Réa ; © Sylva Villerot/Réa ; © Chris Mueller/Redux/Réa ; © Valéry Joncheray ; © Dirk Eisermann/Lif/Réa ; © H. B. Huber/Lif/Réa ; © Atul Loke/Panos/Réa.

**p. 64** Illustration du *Petit Poucet* de Charles Perrault par Gustave Doré, Photo Hachette.

**p. 74** de gauche à droite, © Chederros/Reporters/Réa ; © Imagebroker.net/Sunset ; © Rex Interstock/ Sunset.

**p. 82** *Yakouba*, Thierry Dedieu, Seuil Jeunesse, 1994.

**p. 86** © C. Boisseaux/Lavie/Réa.

**p. 88** de haut en bas, © H. B. Hubert/Lif/Réa ; © Hervé Vincent/Avecc/Réa.

**p. 90** *Le quai de Paris* (1970-1975), Marc Chagall © Bridgeman/Giraudon © Adagp, Paris 2009 ; *Les fables de la Fontaine*, Marc Chagall © RMN, 2003 © Adagp, Paris 2009.

**p. 100** © NHPA/Sunset.

**p. 112** © Catherine Jouan/Jeanne Rius/Jacana.

**p. 114** 1 *Ours polaire et son bébé dans la province du Manitoba au Canada* © Éric Baccega/Jacana ; 2 *Champs de lavande près de Sarraud dans le Vaucluse* © Yann Arthus-Bertrand/Altitude.

**p. 115** 3 *Puits à Fatehpur Sikri à Uttar Pradesh en Inde* © Yann Arthus-Bertrand/Altitude ; 4 *bateau échoué dans la baie de Birlestik au Kazakhstan* © Yann Arthus-Bertrand/Altitude.

**p. 116** *L'arbre de vie*, Gustav Klimt © La Collection/Imagno ; *Le chat de Gustav Klimt*, B. Capatti, O. Monaco, Grasset Jeunesse, 2004.

Achevé d'imprimer en Italie par L.E.G.O. S.p.A. - Lavis (TN)
Dépôt légal : mars 2014 - Collection n° 10- Edition n° 06
11/7551/2